宁波文化丛书

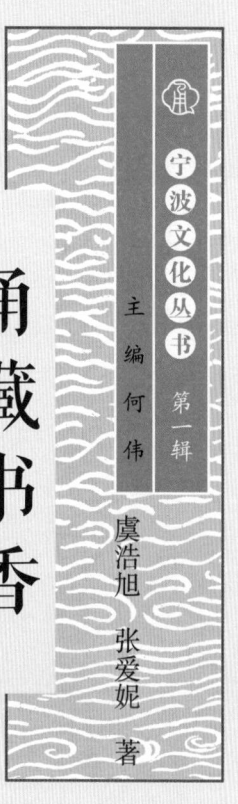

宁波文化丛书 第一辑

主编 何伟

甬藏书香

宁波藏书文化

虞浩旭 张爱妮 著

宁波出版社

《宁波文化丛书》编纂委员会

主　任　余红艺

副主任　张松才　何　伟　陈佳强　邹大鸣　詹鑫华　姚晓东

成　员（按姓氏笔画排列）
　　　　　马玉娟　王耀成　方同义　陈三俊　徐剑飞
　　　　　涂师平　黄渭金　黄定福　谢安良

主　编　何　伟

总序

唤醒宁波的文化之魂

◎ 何 伟

（一）

中国的古城实在不少，若论我国沿海最早的文化古城，只要稍稍具备历史地理的眼光，都会聚焦宁波——中国大陆海岸线的中点。

这座从远古走来的名城，河姆古渡的骨哨一吹就是七千年，展开了一幅幅风云际会的历史长卷。翻开谭其骧先生主编的《简明中国历史地图集》，不难发现宁波在我国沿海各大城市中的"早熟"：当宁波沐浴河姆渡的文明曙光时，我国海岸线上的先民基本还处于文明的空白处；当宁波先秦时期设县建制，广州还是邻近番禺的宁静村庄；当宁波唐代建州（相当于今天的地级市），已是"海外杂国，贾舶交至"的繁华城市，此时的上海还只是一个海滨渔村；宋代的宁波已是我国闻名国际的四大港口城市之一，天津还是名不见经传的一片滩涂；及至近代宁波作为"五口通商"被迫开埠，青岛、大连等城镇化才刚刚起步，更不必说改革开放后才崛起的深圳了。

如此"炫耀"的类比，无意仰己抑人。只想说明，以商城闻名的宁波，其实是隐身的文化重镇。其文化价值和地位，显然是被低估了。仅以中华文明源头之一的河姆渡为例：其制陶、稻谷和干栏式建筑的发现,修正了我国学术界总把黄河流域作为中华民族的唯一摇篮的定论,确认了长江流域是中华民族另一个发源地。其出土的代表海上活动的六支桨,印证了宁波先民是我国"海上丝绸之路"的先驱,为我国台湾和太平洋岛屿的文化作出历史性的贡献。澳大利亚悉尼市迪米蒙地电影制片公司在20世纪80年代拍摄了一部记录太平洋沿岸历史的影片,其序幕就是从河姆渡开篇的。

宁波文化矿藏的丰富性和不凡品质,还在于这里是海上丝绸之路的起源地之一,中国大运河的出海口之一,沿海城市中建城的起源地之一,金融史上我国钱庄的发源地之一,海运史上造船和航海的发源地之一……总之,宁波文化是整个中国文化经络中一个很关键的穴位。宁波的历史区域文化,犹如一座丰盈的藏书楼,在文化复兴的聚光灯下,亟须整理与传播。

宁波历史文化何其久也,宁波地域文化何其丰也,先贤前辈们已经为宁波开辟出了一块文化沃土。每念及此,作为祖籍宁波、生活于宁波的我,不禁对家乡深厚的文化遗产肃然起敬。可是,在今天追赶现代化国际港口城市的目标时,有多少宁波人还记得曾经的灿烂?又有多少人了解宁波往昔的辉煌?

(二)

区域文化研究的兴盛和传承,是近年来国内学界的独特景观,既得益于文化的复兴,又受到区域发展竞争的推动。齐鲁文化,燕赵文化,三晋文化,巴蜀文化,吴越文化,荆楚文化,岭南文化,等等,不一而足。这股热潮也波及作为吴越文化分支之一的宁波文化。

某种文明的价值观、思维方式和风俗习惯等,根本上是由地缘自然条件所决定的。文明所处的地缘环境与精神性格之间有着必然的因果关系。法国历史学家布罗代尔认为,影响一个文明的精神气质最根本的因素,是地理条件和自然环境,换成老百姓的说法,就是"一方水土养一方人"。

宁波地处东海之滨,三面环山,潮汐出没的宁绍平原居中,多类型地貌孕育出姚江、奉化江、甬江流贯其中,江河湖海点缀其间,构成了宁波"经原纬隰,枕山臂江"的地理特征。"南通闽广,东接倭人,北距高丽,商舶往来,物货丰溢。"(宝庆《四明志》)"自宋以来,礼俗日盛,家诗户书,科第相继,间占首选,衣冠人物甲于东南。"(成化《宁波府志》)

文化早熟的宁波好比一个内敛聪慧的智者,有外貌形象,有性格气质,也有个性脾气。发源于四明,耸立于三江,兼得中西交汇之利,倚其7000年的文明发展,塑造了一整套属于自己的优秀文化符号、习俗和精神,说得洪亮一点,叫作"宁波文明"。

每一个城市都有自己的来龙去脉,每一座城市都有独特的文化符号。宁波的文化特质,如果要用极精简的字词来表达,就是"江海"和"商贾"。水路交通和商帮文化是阅读宁波风云际会悠长岁月的两个关键词。伸展开来,从类型看,有海洋文化、农耕文化、港口文化、海防文化;从特质看,有商帮文化、耕读文化、工匠文化、饮食文化;从思想看,有浙东文化、佛教文化;从文人看,名儒硕彦,人文荟萃,有南宋的心学先贤"甬上四先生",有先生之风山高水长的严子陵、知行合一的心学大师王阳明、开启日本明治维新的导师朱舜水、工商皆本的民本思想家黄宗羲……正可谓千年古城,百年风云,几度沉浮,气血不衰,乃文化之力也。

(三)

一座城市的持久吸引力,不在林立高楼,而在文化气质。让城市站立不衰的,是文化"软实力"。表面上看,决定城市差异的是经济,骨子里是文化。今观神州,仰赖房地产狂奔的造城运动,流水线般建造的排排高楼大厦取代古城旧貌,割断了多少城市的历史脉络,推平了多少地域审美特征,埋葬了多少丰厚的历史记忆,已经无法计算。宁波籍文化大家冯骥才先生认为,我们中国历史悠久,民族众多,地域多样,每个城市都有独特和鲜明的城市形象。可惜,现在我们660个风情各异的城市形象基本都消失了,即使有,也支离破碎,残缺不全,很难再呈现出一个整体的城市形象。眼下,追名逐利遗失了文化,随波逐流遗忘了故乡,身在故乡而不知故乡何在。

物欲越是膨胀,文化越是珍贵。宁波人之所以成为宁波人,并不是因为出生在宁波,而是身上承载着宁波的文化符号和基因。这些由宁波的风俗、语言和信仰因素组成的"宁波腔调",以及地缘、血缘关系组成的坐标系,会让人们知道自己是谁、从哪里来。不论你身处世界何地,只要据此便可找到家乡,认祖归宗。如果遗失了宁波文化,即使站在这片土地上,也很难再是宁波人。令人忧心的是,在现代化城市化的急切步伐下,本土历史文化面临诸多存亡考验。公路毁了,可以修复;房屋塌了,可以重建;文化遗产一旦"消失",如同绝迹的物种,没了,就永远没了。现代人精神家园的迷失和情感归属的危机,成为一种流行国际的精神疾病,正是文化除根后流离失所的后遗症。

今天的宁波缺什么?不少人感叹缺文化,我看来,表述不很准确。宁波并不缺少文化,缺的恐怕是对丰厚文化的记忆和传承。"文之无书,行之不远",作为文化工作者,作为宁波人,我们深恐随着时间的推移,宝贵的精神财富因文字的阙如而流失,随着记忆的衰退而归零。把文化摆在什么位置,不仅仅取决于政府,更取决于每一个厕身其间的市民的态度。文化是城市之魂,是我们这座城市安身立命的基座。唤醒城市记忆的味道和画面,保护并标出宁波的文化风景线,绘制文化地图延续文脉,亟须一套权威、全面、通俗的文化读物。本丛书的出版和传播,即是努力之一。

(四)

　　本丛书的编纂,虽非规模浩大的文化工程,却颇费周折,几起几落,幸得宁波文化事业基金委员会慧眼识珠,忝列扶持项目,又得宁波市委副书记余红艺及市委宣传部等部门的鼎力支持,宁波出版社调集精干,组织本地学界文化精英,殚精竭虑,撰写这套丛书。

　　自2012年始,编纂委员会成立并确定了丛书的编纂大纲,专家们从宁波地理文化和历史文化的坐标中,尽可能筛选出具有鲜明特色和传承价值的内容作为首批选题。第一辑八种,选题侧重反映对宁波发展最具影响力、最具代表性的八个方面地方特色文化。计划此后逐年推出各类文化系列,集腋成裘,奉献出宁波文化的"满汉全席"。

　　丛书着力点不在学术钻研和考证,而在文化的普及和传播,定位在文化"小吃",充其量是宁波文化史的通俗版、系列专题篇,绝非贯通一气的皇皇巨著。丛书力求编排图文并茂,文字通俗易懂,集知识性与文学性、学术性与普及性于一体,雅俗共赏,老少皆宜,为大众提供一张文化寻根的导游图,以及一杯安顿旅者心境的下午茶。于闹市中拾取一份宁静,于纷繁中理出一片安详,于浮尘中闻到一缕书香,于物欲中寻得精神的家园。

2014年夏写于水岸居
(本文作者为宁波日报报业集团党委书记、董事长)

目 录

- 总　序　唤醒宁波的文化之魂 … 001
- 书种传来直到今　宁波藏书文化综述 … 001
- 宁波的藏书故事 … 039
  - [一] 薪火相传续书种 … 041
  - [二] 学人收藏兼一身 … 069
  - [三] 嗜书痴书有专藏 … 109
  - [四] 藏书名楼甲一方 … 149

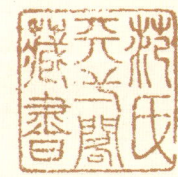

书种传来直到今

宁波藏书文化综述

（一）藏书的种种概念

如果你到过北京，如果你站在北京城南北中轴线的最佳观景点——景山的万春亭向南望去，紫禁城宫殿一片金碧辉煌。在这片金碧辉煌的琉璃瓦屋顶的建筑中间，有一座宫殿屋顶却是黑绿色的，格外引人注目。它的墙壁和柱子也不是朱红色，而是青绿色。别的宫殿多为九间、七间、五间的单数，而它却是六间。还有传说紫禁城的宫殿有九千九百九十九间半，比天上玉帝的天宫要少半间，这半间就在此楼西侧。为什么它有这么多独特之处呢？原因就在于它是皇家藏书楼——文渊阁。所有这些与众不同之处都有根据和说法，因为它是模仿著名的私家藏书楼天一阁而建造的。天一阁是我国现存最早的民间藏书楼，是中国古代藏书楼的典范，是宁波藏书文化和中国藏书文化的象征。

我们在谈论天一阁，谈论宁波的藏书文化，谈论中国的藏书文化时，必须明确与藏书文化相关的几个基本概念。首先是藏书。何为藏书？藏书是一种收藏活动。自古至今，中外都有很多收藏活动，它们能愉悦性情，陶冶情操，成为文人墨客、普通百姓的业余爱好，甚至成为一个人的终生追求。譬如，有的人喜欢收藏钱币、邮票、名人字画、陶瓷、家具，也有的人就某个对象展开收藏，像收藏毛主席像章、各式算盘、自行车、老爷车、橡皮、香水等等，可谓五花八门、千奇百怪、无奇不有。而藏书的历史相对于其他收藏活动，可以说是最为悠久的，代表了中国传统文化的精华。从几千年前的收藏甲骨、青铜，到现代的各式书籍报刊收藏，源远流长，形式多样。藏书是指收藏图书或收藏的图书。在中国文化史上，特指皇家、私人、寺观、书院等典籍的收藏活动，包括购置、鉴别、校勘、装治、典藏、抄补、传录、刊布、题跋、用印、保护等一系列活动。据现有资料，"藏书"两字最早出现应该在《庄子·天道》，该书中有这样的记载："孔子西藏书于周室。子路谋曰：'由闻周之征藏史，有老聃者，免而归居，夫子欲藏书，则试往因焉'。"《史记·老子传》则对这一事的记载更明确："周守，藏室之史也。"注："藏室史，乃周藏书室之史也。"但将藏书作为一种书业活动应该在汉代。《汉书·艺文志》曰："建藏书之策，置写书之官"，此处正式将藏书作为一个书业活动的术语确定下来，"藏书"两字才被专业化，后在史书上不断出现，如《新唐书·艺文志》"藏书之盛，莫盛于开元"等等。

其次是关于"藏书家"的概念。目前关于藏书家的定义有好几种说法。第一种认为藏书家是"因研究需要或个人兴趣而对图书进行收藏的人"。第二种认为藏书家是"指私家藏书的开创者或私家藏书的传人、皇家藏书的管理者或于藏书事业做出贡献的人"。第三种认为藏书家是"藏书而又谓之'家'，必须是对书籍有较深的学问，并且对所藏图书进行过分类编目、著录题跋等研究性工作的人"。而笔者认为"有目的、有系统、有倾向地收藏多量图书，并加以管理和利用的人，可称为藏书家"。所谓有目的，即凭自己的爱好、评价和鉴赏力而有选择地收藏图书，不仅可供自己参考、阅读或消遣，也可以把某一领域、某一时代或某一专门出版物精心地完善地收藏起来。所谓系统，即专心、耐心、细心地持久而集中地收藏某类、某一作者、某一时期的出版物，这样的收藏相当齐备；所谓有倾向，即集中于某种图书，如对善本作专门收藏等。所谓多量，是指藏书达到一定的规模。这是一个相对的概念，它是变化的。如春秋战国时期，墨子"有书三车"、惠施"有书五车"，都是大藏书家了。清代乾隆出于征书目的，认为收藏"百种以上者，可称为藏书家"；所谓管理，则至少要编有书目；利用则指藏以致用。

第三是关于"藏书楼"的概念。中国历史上的文人有给自己的书楼、书斋、书房或读书处取个名的雅好，有些甚至有好多

个名,这就出现了所谓实构藏书楼和虚拟藏书楼。所谓实构藏书楼,是指历代图书收藏者为藏书而专门建造的处所。通过专门建造的藏书处而使图书不受自然和人为损坏。天一阁就是专门构造的藏书楼。所谓虚拟藏书楼,即虽有藏书楼的名称,而实际上并非真的专构楼堂以庋书籍。有的是在自己的居所辟一专室藏书,有的是将书籍藏于书主读书治学的书斋,有的甚至是随居室放置书籍。历史上藏书楼虚拟的成分多,范钦的东明草堂就属此类,既会客,又读书,也藏书。我们在研究藏书文化和藏书史时,这一点是必须注意的。

  第四个概念是关于"藏书文化"。文化是人类生活的写照,是人类文明的反映。人类的文明史由人类创造的各种各样的文化组成。在诸种文化中,有一种高级的文化活动是藏书。图书的搜集、鉴定、校勘、品赏、典藏、管理、借阅,以及题跋、评点、收藏等一系列活动组成了藏书文化。藏书文化是其他诸种文化形成一定规模后产生的。藏书是文化沉积的结果,又是文化发展的阶梯。藏书文化源自于其他诸种文化,又是诸种文化总和的反映。藏书文化的形成,说明社会的文明发展到了一个相当成熟的阶段。藏书文化是人类文化之花。

图① 东明草堂

(二)中华藏书史偏长

在明确了概念后,我们还必须对中国的藏书文化有一个总体上的了解。人类自有了文明,也就有了原始意义上的文字和图书,有了图书,就开始了收藏图书的事业。在古代中国,承担图书收藏,乃至图书管理、研究、校勘、刊行事业的主体是历代的官私藏书楼。中国藏书事业的历史,可追溯到文字和图书已有相当发展的殷周时代。专藏甲骨的龟室是我国最早的国家图书档案馆,史官贞人是早期的文献管理者。由此算起,中国藏书事业的历史也已有三千多年了。中国的藏书楼收藏、保存、传播了丰富的文化典籍,保存、传播了博大精深的中国历史文化。中国的藏书楼和与藏书楼共生存的历代藏书家们,对于中国历史文化的传承有着功德无量的贡献。

中国的藏书文化历史悠久,生生不息,业绩辉煌,似一条滔滔大河,汇聚条条支流,波涛渐宽,声势渐壮,由官府藏书而私人藏书,再至寺观藏书乃至书院藏书,随历史的进程而不断壮大发展。中国古代的藏书文化由官府藏书、私家藏书、寺观藏书、书院藏书四个系统组成,各个系统的先后培育与发展又与一定时代的政治、经济、文化等背景密切关联,并形成各自的特点。中国的藏书事业历经种种磨难曲折、天灾人祸,终以百折不回万劫不灭之气势,顽强地走出了自己漫长而光荣的路程,并功德圆满地完成了向现代图书馆的嬗变。

中国是一个历史悠久的文明古国,对世界文明的发展做出了重大贡献。而源远流长、绵延不断的藏书文化,为中国为世界留下来的典籍数量之多、门类之繁、涵盖的时空之广,是文明古国最具体、最形象、最生动的象征,是世界上其他任何一个国家和民族无法比拟的。中国的藏书文化博大精深,它是整个中国文化史的重要组成部分。中国藏书文化是中国几千年传统文化的核心和结晶,甚至可以说,没有藏书文化,便不会有中国的历史文化。研究中国

藏书家、藏书楼和藏书文化的历史,总结中国藏书文化的经验和成就,对于继承和发展中国和人类文明,无疑是有着重要意义的。

图② 应野平天一阁图

（三）琅嬛福地属宁波

在了解了中国的藏书文化后，我们再来看看宁波的藏书文化。

1. 宋代藏书的崛起

研究中国藏书史，多重视两宋及以后诸代，这固然有其客观的原因，主要是汉至唐代的书籍以手抄传写为主，书籍流传甚少，藏书十分困难。但并不是说宋以前没有藏书家。宁波的情况与全国的藏书史实相吻合。以往许多观点认为"宁波的私人藏书始于两宋"，其实不然。据光绪《余姚县志》和《吴越备史》记载，南北朝时余姚人虞和与五代时慈溪人林鼎都有聚书。虽然汉至唐五代藏书家的资料十分缺乏，但通过一鳞半爪，仍可证明宁波藏书事业源远流长。

宋代，尤其是宋室南渡以后，宁波藏书事业迅速崛起。这首先是由于浙东地区靠海，偏安一隅，历代战乱多未波及，即使偶遭兵燹，也不会旷日持久。政治局面相对安定，未有大的动乱，经济得到了空前发展，为藏书事业的发达奠定了坚实的基础。其次是浙东多世家旧族，有收藏之风。北宋末年的移民潮中，当时的明州是"天下贤俊多避于此"的江南七府之一。这些移民多有中原望族，出身书香门第，诗书之风极盛。宁波藏书文化就是在中原望族固有文化的影响下，吸取浙东地域文化而形成、勃兴的。再次是浙江刻书业的发达。浙江刻书业起于唐，兴于五代，到两宋时杭州成为全国刻书业的中心。宁波毗邻杭州，书籍的大量出版刊印，为宁波藏书事业提供了取之不尽的收藏来源。最后则是浙东地区教育、学术活动的活跃。以杨适、杜醇、王致、王说、楼郁为代表的"庆历五先生"和以舒璘、沈焕、袁燮、杨简为代表的"甬上四先生"，或教授乡里，或设坛讲学，书院教育和学术风气极盛，"吾乡遂称邹鲁"，这对藏书事业的促进不言而喻。

北宋时期宁波的藏书家有楼郁、陈谧、陈禾（二灵山房）、王欢、王正功、陈恢，南宋时期宁波的藏书家有曹豳（牧庵）、楼钥（东楼）、史守之（碧沚）、赵彦逾（重楼）、郑若冲（常允达庵）、袁韶（东西堂）、袁似道（南园）、王应麟（汲古堂）、刘俣（闻风吟堂）、史师雄、史浩、袁燮（是亦楼）、杨简（石鱼书堂）、王说（酌古堂）、王正己、林硕、高文虎、高元之、蒋仲武、罗仲舒（经训室）、刘扬祖（介白楼）、黄震（日湖寓亭）、陈埙（欢聚堂）。其中藏书在万卷以上的有楼郁、王正功、楼钥、史守之、袁似道、王应麟、林硕，尤以楼钥之东楼、史守之之碧沚、王应麟之汲古堂最为有名。

2. 元代藏书的低落

元代是我国历史上由北方游牧的蒙古统治者建立起来的封建王朝，它奋起于朔漠，以金戈铁马之势，攻金灭宋，入主中原，建立帝国。由于连年征战不断，社会动荡不安，经济生产遭到破坏，对私家藏书的发展影响甚大。虽然元代统治者对汉族文化十分重视，特别是在元代中期以后，社会经济得以恢复发展，刻书业、出版业日益发达，私人藏书亦得恢复与发展。但由于元末社会又处于经常的动荡不安之中，农民起义接连不断，总的来说，藏书文化兴盛远不如宋。宁波也是如此。

据现有资料，元代宁波藏书楼有应伯震之花崖书院、胡三省之南湖石窟、袁桷之清容居、郑芳叔之求我斋、张式艮之老梅书屋、闻元春之桂庄、祖铭之东湖书楼，以及程端礼、徐禹圭、蒋宗简、王世昌、胡珙藏书。其中袁桷、王世昌、程端礼、闻元春的藏书量均在万卷以上，尤其是袁桷的清容居更是名扬天下。

3. 明代藏书的复振

明代时的中国在经济文化方面居于世界先进之列。学术文化的繁荣带来了许多新的著作，加上印刷业更发达了，士大夫中藏书之风愈益普遍。明代的宫廷和私家藏书规模都超过前代。藏书特盛的东南之地，家资富足的文人学者往往自己刻印书籍，这种家刻本和官刻本、坊刻本同样在社会上流传。明代私家藏书的总数已大大超过宫廷所藏，论校勘精审的善本书，也多以私家所藏为最。明代藏书事业的成就，无论从哪个方面说，都要超过前代，进入了藏书事业的兴盛和繁荣期，直接为清代中国藏书事业的鼎盛打下了坚实的基础，并对后世产生了积极的影响。

有明一代，浙东地区深受自宋以来"收藏之风蔚起"传统的影响，加之文化发达，学术昌盛，著述众多，以及刻书业的发展，已成为全国重要的藏书之地。天一阁在宁波的出现不是偶然的。

明代宁波的藏书家、藏书楼有邬本良之春风斋、童伯礼之石镜精舍、胡万阳之南国书院、戴良之书画舫、袁忠彻之瞻衮堂、屠滽之西峰书屋、章戊之耕耘堂、黄隆之四友亭、黄润玉之东皋草堂、屠倬之沧洲别墅、戴鲸之东白楼、闻源之碧沚书屋、闻义之闻园书厅、丰坊之万卷楼、张瑞之甬洲书庄、范钦之天一阁、范大澈之西园、屠隆之娑罗馆、屠本畯之霞爽阁、汪枢之泡园、汪文长之大雷山房、张时彻之月湖精舍、沈明臣之丰对楼、孙仪之借竹楼、范汝梓之落迦山房、陈朝辅之云在楼、陆宝之南轩、余有丁之五柳庄、朱勋之五岳轩、朱献臣之小五岳轩、诸来聘之昌古斋、谢三宾之博雅堂、陈柽之静深斋、孙胜之竹庄书屋、周升之书舫斋、李循义之耕读堂、孙矿之月山旧庐、李文缵之赐隐楼、裘永明之玉湖楼、李玮之双松居、陆宇燝之观日堂、董德称之天鉴书屋、余汉臣之大慈山房、李正芳之春亭、张琦之竹里馆、李生寅之

图③ 天一阁西园

高卧楼、张苍水之书房、陈士京之鹿石山房、陈沂之遂初斋及蔡锡、冯应奎、魏云松、金华、周人龙、朱源、朱墩、董世登、万表、杨茂清、桂璁、孙嘉绩、李奎诸家藏书。史籍明确记载藏书量在万卷以上的有金华家藏书、丰坊万卷楼、范钦天一阁、陈朝辅四香居和陆宝南轩,而以万卷楼与天一阁最为有名。

4. 清代藏书的鼎盛

清朝建立后,中国这个多民族国家的统一政权得到了极大的巩固,手工业和商品经济有所发展,印刷技术也有进步,这一切都成了促进刻书、藏书事业发展的有利因素。清朝统治者一面厉行封建的文化专制政策,大兴文字狱,禁毁了许多所谓的"违碍"书籍,一面又利用八股科举来笼络和限制知识分子,大肆编修和刻印图书来宣扬封建的思想文化和清王朝的"功业",标榜"文治"。在这种情况下,一般学者不敢议论政治,于是考据学应时而大盛,整理校勘和刻印古籍比明代时更为流行了。在中国封建社会最后一个王朝,官私藏书的规模都超过了前代。

就浙东地区而言,有两件事对宁波藏书文化的发展影响极大。一是黄宗羲讲学甬上和浙东学派的形成。自康熙七年(1668)

黄宗羲讲学甬上，创甬上证人书院，至康熙十四年（1675）结束，共历时八年。在这八年中，有一百多人向他问学，有弟子六十六人，其中高足一十八人，开创了浙东学派。浙东学派一传即为万斯同，再传而为全祖望，又再传即为邵晋涵、章学诚，大家辈出，均致力于收藏和治学，几乎无一不是著名的藏书家，他们的学术成果，无一不与藏书有密切的联系。以黄宗羲为例，他的藏书宗旨是"当以书明心，毋玩物丧志"。因此全祖望指出"太冲先生之书，非仅以夸博物，示名藏也"，"先生之藏书乃先生之学术所寄"。黄宗羲先生不仅开创了浙东学术之风，也倡导了藏书与治学相结合的新风，加强了藏书和学术的纽带关系，并使之成为一种传统。太冲先生之前，这种风气当已存在，先生之后，始成气候，藏以致用的目的更加突出，成为甬上藏书文化的一大特色，促进了宁波藏书事业的发展。

二是由于清修《四库全书》时对天一阁的宣传，为宁波藏书家树立了榜样。在《四库全书》的纂修过程中，由于清高宗弘历对天一阁的关注，天一阁进呈图书六百三十八部，四库七阁对天一阁的模仿以及乾隆对天一阁的奖赏，使天一阁获得了空前绝后的殊荣，并大出其名。范氏天一阁所获得的荣誉，让甬上士林羡慕不已，大大刺激了宁波的藏书事业。

有清一代宁波藏书家、藏书楼有：王应玘之独居室、黄宗羲之续抄堂、李邺嗣之东皋草堂、胡德迈之宝墨斋、屠忠粹之修龄堂、张宗瀚之瞿瞿堂、钱光绣之归来阁、徐恒之在涧楼、孙子远之日涉园、李岩樵之赐隐楼、张天因之西郊草堂、朱金芝之凫园、万斯同之寒松斋、郑性之二老阁、裘琏之玉湖楼、董道权之缶堂、高士奇之清吟堂、张韫山之三余草堂、范从律之茧屋、孙志祖之寿松堂、顾鉴之伴梅草堂和梦影楼、全祖望之双韭山房、卢文弨之抱经堂、卢址之抱经楼、陈撰之玉几山房、卢镐之抱经楼、卢椿之敬遗轩、黄澄量之五桂楼、姚燮之大梅山馆、黄定文之息圃、陈

图④ 胡德迈之宝墨斋

自舜之云在楼、葛朝之迎旭楼、叶炜之鹤麓山房、俞挺芝之守约轩、邱学敏之三树堂、陈铭海之蕉隐轩、周容之春酒堂、曹辛之蕉雨书屋、张鲲之习静楼、柯氏之近圣居、冯云濠之醉经阁、郑勋之敬业堂、冯汝霖之寄月楼、冯本怀之抱珠楼、景辉之东白楼、吴以照之晚香楼、沈德寿之抱经楼、孙锵之七千卷楼、孙蔚之逸云书舍、徐兆昺之咸塘汇斋、陈仪之文则楼、沈贞之半读书屋、徐时栋之烟屿楼、童槐之得月楼、陈鉴之诒砚室、陈康祺之舟园、陈清瑞之旧雨草堂、陈励之运甓斋、王奎之负郭园、张寿荣之花雨楼、邓蔚斋之晚翠轩、蔡鸿鉴之墨海楼、董沛之六一山房、赵佑宸之诒谷堂、黄维煊之诒善堂、刘凤章之青藜阁、郭传璞之金娥山馆、张岱年之二铭书屋、应廷皋之桂隐楼、陆廷敝之镇亭山房、钱捷之畅余堂、叶元墀之揽碧轩、叶元阶之得一居、林廷鳌之近性楼、王定祥之坦园、赵霈涛之剡曲草堂、冯祖宪之耕余楼、褚秀埜之梅花书屋、王容商之容膝轩、董德高之可亭、吴承恩之古松书屋、吴以煦之晚香楼，及李文靖、徐国麟、范文虎、陈赤衷、邵晋涵、范永祺、诸成亮、郑雍俗、汤淮、左岘、万经、何涵、应朝光、章椴、李学

图⑤ 蜗寄庐藏书

博诸家藏书。藏书在万卷(册)以上的有：黄宗羲、万斯同、郑性、全祖望、卢文弨、卢址、黄澄量、姚燮、葛朝、冯云濠、景辉、沈德寿、徐时栋、陈鉴、张寿荣、邓蔚斋、蔡鸿鉴、董沛、叶元阶。

5. 民国藏书的发达

近代以来，随着西方公共图书馆观念的引进和实践，至清末民初时公藏渐兴，随即发展为中国近代藏书文化的主流。从藏书文化整体而言，民国时期，私人藏书已相对退居次要地位；与近代前期相比，民国时私家藏书也渐趋于衰落，凡名家旧藏及精椠秘刊，均以辗转归入公藏而告终。而另一方面民国的私人藏书又极盛，各种嗜藏之风此起彼伏，但多因战乱及生活所迫，旋聚旋散。以江浙为藏书中心的单一布局虽有所改变，但由于传统的深厚及江浙经济在战乱后得到很快恢复，加之上海在民国时成为全国经济中心和重要商业城市，江浙一带的私人藏书之风又渐复昔日之旧观，成为全国私人藏书最为发达的地区之一。民国时期宁波私人藏书也十分发达。

民国时期宁波的藏书家、藏书楼有：张寿镛之约园、秦润卿之抹云楼、李庆城之萱荫楼、张之铭之古欢室、曹炳章之集古

图⑥ 戴季石访庐

阁、孙家溎之蜗寄庐、朱鼎煦之别宥斋、冯贞群之伏跗室、林集虚之藜照庐、蒋介石之文昌阁、孙鹤皋之天生阁、王书竹之清芬书馆、张季言之樵斋、马廉之不登大雅之堂、童保暄之止园、徐履谦之夕可轩、叶颂清之智群图书馆、杨容林之清防阁、费崇高之小沧桑馆、欧仁衡之观海楼、谢光甫之永耀楼、徐障之后烟屿楼、陈献夏之后雨抄堂、盛炳纬之花厅、戴季石之访庐、袁梅堂之静远山馆、马衡之凡将斋、陈汉章之缀学堂、叶恭卓之遐庵、黄云眉之二云楼、严修蟫香馆，以及倪春如、张正夫、徐余藻、张琴、范柳堂、施德敷、叶子渐、李思浩、张申之、刘楚芗、张世训、李蕴、张孟契诸家藏书。其中藏书在万卷（册）以上者达十五家。

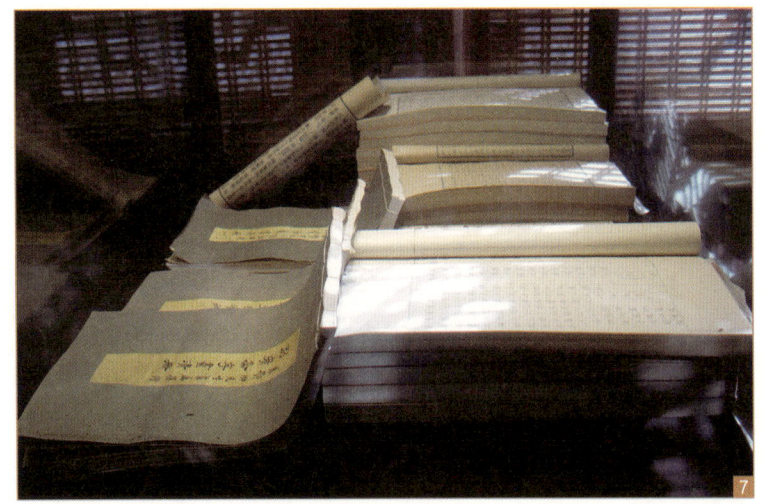

民国时期宁波的藏书家有以下几个特点：一是有相当一部分为嗜古爱书的银行（钱业）家、工商实业家，如秦润卿为旅沪金融界知名人士，李庆城为钱业人士，曹炳章、施德敷皆业商，林集虚则是书商。二是学者藏书呈现出专藏多样化的显著特色。如马廉之不登大雅之堂多收戏曲、小说，曹炳章集古阁多藏医书，朱鼎煦别宥斋多善本及兼收字画文物，马衡之收藏金石、碑帖等。三是由于近代宁波帮人士足迹遍及宇内，许多藏书楼不在宁波本地。如张寿镛之约园、谢光甫之永耀楼、陈献夏之后雨抄堂及叶子渐的藏书楼在上海，张之铭之古欢室在日本、上海，马廉之不登大雅之堂在北京等。四是部分藏书家有强烈的开放意识。如叶颂清藏书楼命名为"智群图书馆"，凡叶姓子弟均可出入借阅，秦润卿抹云楼则设近代图书室和报刊阅览室，对外公开阅览。

图⑦ 别宥斋藏书

（四）书藏古今话天一

由于深刻的社会和历史原因，天一阁留了下来，天一阁的藏书留了下来，天一阁的精神留了下来，天一阁成为宁波藏书文化的象征，成为中国藏书文化的象征。对于宁波来说，这是一件幸事，也就有了书藏古今。现专辟一节，以记其事。

宁波月湖之西芙蓉洲的绿荫深处，耸立着一座古老的藏书楼——天一阁。它建于明嘉靖四十年至四十五年（1561—1566），距今已有450多年的历史，是现存世界上最古老的三座家族藏书楼之一。另两座都建立于文艺复兴时期的意大利，一座叫马拉特斯塔图书馆，由意大利贵族马拉特斯塔于1452年创建，在意大利北部切泽纳；一座叫梅迪契家族图书馆，由意大利佛罗伦萨共和国统治者柯西莫·梅迪契所创建，其藏书和建筑都在1525年前后形成。三座古老的家族藏书楼在人类文明史上留下了不可磨灭的影响。

1."建阁阅四百载"——聚书建楼

天一阁的创始人范钦（1506—1585）是明代嘉靖年间人，字尧卿，一字安卿，号东明，浙江鄞县（今宁波）人。自27岁考中进士后，开始在全国各地做官。他为官敢于冒犯权奸，勇于抗击倭寇，最后于嘉靖三十九年升任兵部右侍郎，同年十月辞官归里。范钦酷爱书籍，每到一地都留心收集，尤其重视收集当代人的著作，总数达7万余卷。使范钦彪炳史册的，不是他的政绩，而是他辞官归里后修建的藏书楼。大约在1561—1566年间，范钦按《易经》中"天一生水，地六成之"之说，于宅东建藏书楼，将藏书楼命名为天一阁，阁前所凿水池称"天一池"。天一阁楼上不分间，以体现"天一生水"之说，楼下分六间，以应"地六成

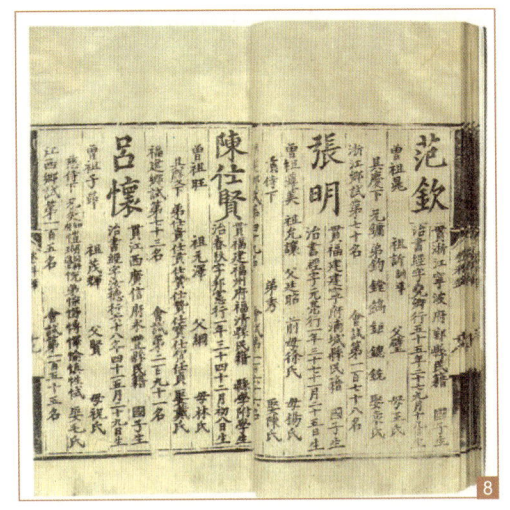
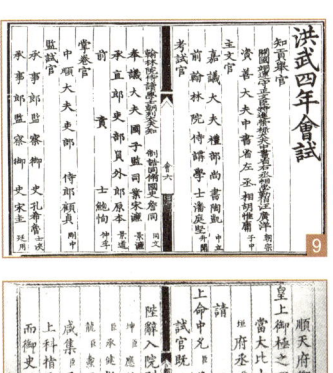
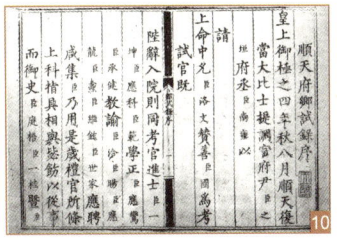

之"之义,甚至如藏书橱的制作,其尺寸也合六一之数。范钦的这种做法,体现了他以水制火的用意。

2. "藏书数第一家"——藏书特色

范钦自嘉靖初年开始藏书,经史百家兼收并蓄。藏书中虽然也有宋元精本,但他与大多数藏书家醉心于珍本秘籍不同,而特别钟情于当代文献资料,具有独特的人弃我取、"厚今薄古"的现实主义收藏观。天一阁藏书中明代史料和明人文集,即范钦生活时期的当代史料和文学资料最为丰富。天一阁之所以出名,就在于保存朱明一代的直接史料,特别是地方志和科举录。

地方志是古代特有的地区史地学著作。宋元以来由于政府的重视,各地修志数量不断增加,记述范围逐渐扩大。明代修志更盛,永乐皇帝还颁布了"纂修志书凡例"。嘉靖年间修志数达到高峰。这些志书保存了大量历史资料,许多还是正史所不载的,一般藏书家对此不感兴趣,称其为"下邑陋志"而不予收藏。范钦独具慧眼,前后搜求省、府、州、县志435种,比《明史·艺文志》著录的还多。经过400多年的风雨沧桑,至今还存271种。天一阁现存的明代方志中,有164种海内孤本,保存了许多罕见

图⑧《登科录》
图⑨《会试录》
图⑩《乡试录》

的地方文献资料。

我国的科举制度延续了一千余年,对我国的政治、文化和社会生活各方面曾产生过深远的影响。明代是科举制度的鼎盛时期。可历代藏书家没有一个像范钦那样竭尽全力去收藏科举方面的资料。据统计,天一阁有明代进士登科录68册,会试录62册,乡试录297册,武举录33册,共460册,约500多种。至今保存完好的尚有370种,九成以上是海内孤本。这些资料在明代就十分有名,今天更是研究当时科举制度的人物传记的第一手资料。

天一阁还收藏有明代的实录、邸抄、揭贴、供状、名人传记及诗文集等,形式多样,内容广泛,相当一部分为内部官书文件,是一般藏书家不收或收不到的。此外,多明抄本和碑帖,也是天一阁收藏的特色。

3."世泽长期子孙贤"—— 管理制度

历代藏书家都渴望自己的藏书能"子子孙孙,世代永保",这渴望自然是缘于绝大多数藏书家得书之不易与藏书之艰辛。于是许多藏书家都有告诫子孙继承先志、保存藏书的家训、族训。

图⑪ 范氏禁牌

图⑫ 天一阁书橱及藏书

范钦自然不能免俗,他也有强烈的愿望,使自己所藏能世世代代传下去。他生前立有"代不分书,书不出阁"的遗训,又有一个藏书章曰"子子孙孙,永传宝之"。但美好的愿望不一定能变成现实。"君子之泽,五世而斩"。绝大多数藏书往往不数传便烟消云散。天一阁藏书能够十三代人薪火相传,得益于范氏子孙的贤孝。从已有的范氏家族记载来看,范氏子孙多读书,守礼节。明清以来,范氏子孙读书种子延续不绝。唯其读书,才能爱书、守书、藏书。但更重要的是有良好的管理制度和藏书揩理之术让范氏孝子贤孙们来执行。

天一阁的管理制度可以用十六个字来概括,即"以水制火,火不入阁;代不分书,书不出阁"。天一阁不仅从思想意识上、象征意义上取"以水制火"之意,在实际行动中则凿池备水,在制度上更有严格规定。虽然四百多年过去了,"烟酒切忌登楼"的大字禁牌仍赫然在目。据记载,清光绪三十四年(1908),缪荃孙随其内兄宁波太守进天一阁看书,约了两次,虽获准登阁,但"约不携星火"。在天一阁的防火制度面前,人人平等,连太守也不例外。

天一阁在"代不分书,书不出阁"上也执行得十分严格,规定得十分详细。范钦在弥留之际,就表达了书不可分的遗愿。

据全祖望《天一阁藏书记》记载，范钦分家时，以为书不可分，将家产分成两份，一是一楼藏书，一是万两黄金，由大儿子范大冲和次儿媳选择（次子早范钦而去）。大冲毫不犹豫地选择了藏书，并进一步明确藏书不分，为子孙共有，各橱锁钥，分房掌握；禁以书下阁梯，非各房子孙齐，不开锁。并制定了严格的处罚标准："子孙无故开门入阁者，罚不与祭三次；私领亲友入阁及擅开橱门者，罚不与祭一年；擅将书借出者，罚不与祭三年。若进一步犯规，至典鬻偷卖书籍，则永行摈逐不与祭。"在中国封建宗法社会中，"罚不与祭"是一种相当严厉的处罚。范氏后人以不与祭为辱，以天一阁后人为荣。在这种荣辱观的激励下，保证了藏书久而不散。

天一阁的管理制度在道光九年（1829）时得到了进一步修正，规定得更加严密、完备，如"阁上门槛橱门锁钥封条，房长每朋会同子姓稽考，并察视漏水、鼠伤等情，以便即行修补"、"阁下每月设立巡视二人，其护程及阁下各门锁钥归值月轮流经管，如欲入内扫刷，以及亲朋游览，什月者亲自开门，事毕检点关锁"等。虽然天一阁图书在清代中叶以后散佚很多，但其严密的管理制度还是在一定程度上保护了古书，使之绵延400多年而岿然独存。

此外，天一阁在书籍的防潮防蠹方面做得十分科学合理。范钦在书楼设计上就考虑到通风透气。天一阁楼上藏书之所为一大通间，前后有窗，书橱两面施门，空气流通。自范钦开始，范氏子孙每年在梅雨季节时封闭书库，出梅以后到中伏期，轮什者即邀各房房长，启锁进入书楼，翻晒图书，400年来从未间断。平时则以芸香防蠹、英石吸潮。在当时的情况下，天一阁所采取的措施是颇有成效的防霉防蠹方法。

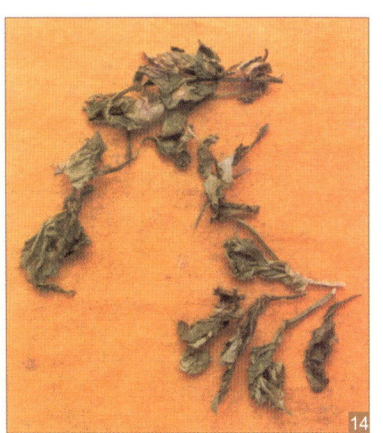

图⑬ 天一阁藏黄宗羲著作
图⑭ 芸香

4. "第一登临是太冲"——学术贡献

天一阁作为我国著名的藏书楼,向被视为保守的象征。其实,作为一家私人藏书楼,天一阁是有选择地向一些真正的大学问家开放的。历史上有许多名人登上了天一阁,对天一阁和中国学术都做出了应有的贡献。

余秋雨先生认为,1673 年是天一阁历史上最有光彩的一年,因为它首次让外姓人黄宗羲登临,这是范氏后裔作出的明智的选择。黄宗羲,字太冲,号梨洲,为清代浙东学派的创始人。他以自己的学识、人格叩开了天一阁的大门。他登阁后编有《天一阁书目》,六年后写有《天一阁藏书记》,在藏书记中他发出"读书难,藏书尤难,藏之久而不散,则难之难矣"的惊叹。

黄宗羲登阁引起了极大的社会反响,它向社会传达了天一阁非不可登的信息,这一信息的迅速传递,使大江南北,尤其是江浙的藏书家、学问家兴奋不已。诗云:"烟波四面阁玲珑,第一登临是太冲;玉几金峨无恙在,买舟欲访甬句东。"有许多人要"买舟欲访甬句东"了。访问甬句东的目的自然是登天一阁观书,而观书也不是盲目的,因为已经有黄宗羲的书目可资参考了。于是天一阁那种"是阁之书,明人无过而问者"的局面得到了改观。

"黄梨洲后,万季野征君、冯南耕处士继往,昆山徐健庵司寇闻而来抄,而海宁陈广陵詹事纂《赋汇》亦尝求之阁中,全谢山为小玲珑馆,马氏亦往抄之。"名人学者纷纷谋求一登天一阁。在天一阁450多年的历史上,登阁的名人主要有黄宗羲、李邺嗣、朱彝尊、徐乾学、万斯同、全祖望、寅著、卢址、翁方纲、钱惟乔、钱大昕、汪昭、张燕昌、袁枚、姚椿、童槐、阮元、鲍廷博、张海鹏、麟庆、姚元之、冯登府、刘喜海、董沛、章鋆、宗源翰、薛福成、吴引孙、缪荃孙、林集虚、陈登原、杨子毅、杨铁夫、赵万里、陈宝麟、冯孟颛、马涯民、马廉、郑振铎、沙孟海、谢国桢、陈训慈、路工、郭沫若等等。

这些名人或观书,或抄书,或为天一阁编目,或替天一阁修楼,或撰有诗文,在天一阁历史上留下了浓重的一笔。有这么多名人与一座小小的藏书楼相关,在中国藏书史上是十分罕见的。

在天一阁的历史长河中,从总体上讲,登阁名人的数量并不多,但意义深远。首先,私家藏书本因学术所生,为治学而藏,"保守"是私家藏书的根本特点。在私有制社会里,书籍作为私有财产,保守是绝对的,开放是相对的,开放是私有制条件下的相对开放。在一个私有制相对比较发达的农业文明社会里,私人藏书的私人占有性,决定了它的保守性,它承担的使命仅仅是个人和家庭、家族成员的学习、学术需要,没有义务来承担社会责任。虽然如此,但宁波藏书家还是具备了一定的开放意识和开放精神。

黄宗羲登阁是天一阁有选择地向学者开放的一个标志。其次,滋润了一代又一代学者,尤其是浙东学者,对于清代浙东学派的形成也有极大的促进作用。黄宗羲博大精深的学问就是个很好的例子。多次登阁观书,对黄宗羲帮助极大。近代著名政治家、学问家梁启超曾言:天一阁实大有益于黄(宗羲)、万(斯同)、全(祖望)。现代著名的思想史研究家蔡尚思也论述说:"藏

图⑮ 天一阁一隅

书风气大盛,如钮氏世学楼、祁氏澹生堂、黄氏千顷堂、钱氏绛云楼、郑氏丛桂堂、徐氏传是楼,尤其是范尧卿的天一阁,藏书甚富;毛氏父子的汲古阁,前后积书八万四千册。没有明末这批私人大图书馆,清初黄宗羲等人能博览群书,广搜史料吗?"中国的大学问家黄宗羲,也是和著名的天一阁分不开的。"因此,从某种程度上讲,是以天一阁为代表的一批私人藏书楼成就了黄宗羲,成就了一批名人学者。清代浙东学术人才群体的出现和浙东学派的形成,有赖于阅览以天一阁为代表的浙东地区丰富的藏书。除黄宗羲外,李邺嗣、万斯同、全祖望等大学问家都多次登阁观书。

5. "书楼四库法天一"—— 钦定样板

清代乾隆年间,国力强盛,社会稳定。乾隆皇帝弘历为标榜文治和所谓"恩威并用,宽严相济",发起大规模收集、整理古代典籍的运动。乾隆三十七年(1772),乾隆向全国发出一道谕令,命令各省官员广泛搜集前代遗书和本朝人著作,由此揭开了纂修《四库全书》的序幕。

由于乾隆指名促办,地方官员尽力搜觅,藏书之家也陆续进呈，收效甚速，立见效果。乾隆三十八年四月，以范钦八世孙范懋柱为代表的范氏后人应诏进书。范氏进呈书共六百三十八部，为藏书家之冠。其中收录在《四库全书》里有九十六部，入"存目"类书三百七十七部，合计四百七十三部，超过诸家进呈之本，对《四库全书》的编成确是一大贡献。天一阁因此获乾隆御题，奖《古今图书集成》一部，奖铜版画《平定回部得胜图》16幅和《平定两金川战图》12幅，为当时最高奖赏。

《四库全书》卷帙浩繁，成书之后，自必须有庋藏之所，故清高宗弘历早在纂修之初就已考虑这个问题了。由于在征书过程中对天一阁的了解加深，对它的庋藏之所发生了兴趣，即开展了对天一阁的调查工作。他于乾隆三十九年六月二十五日下谕杭州织造寅著前往天一阁调查，察看书楼建筑和书架款式，开明丈尺，绘图呈览。后来庋藏《四库全书》的文渊、文源、文溯、文津、文汇、文澜、文宗七阁，就是模仿天一阁的建筑式样建造的。天一阁成了皇家藏书楼的样板。甚至连七阁的命名也是取义"天一生水"，以水喻文。

由于皇家的倡导，民间藏书楼竞相以天一阁建筑为楷模建筑自己的藏书楼，如卢氏抱经楼、甘氏津逮楼、阮氏文选楼、薛氏传经楼、吴氏测海楼等，还有一批藏书家藏书则借鉴天一阁的管理经验。天一阁自此成为公私藏书家心目中不遗余力追求的文献典型和文化楷模。

总之，在纂修《四库全书》的过程中，由于清高宗弘历的关注和推崇，作为一家私人藏书楼，天一阁获得了空前绝后的殊荣，并大出其名。虽然天一阁进呈的书籍大多未被发还，对天一阁来说是一大损失，"但在国家级的'百科全书'中，在钦定的藏书楼中，都有了它的生命"。特别是在以后的岁月里，地方官吏和范氏子孙因之更加重视天一阁，"世世宝之"，终使它留传至今，成为我国现存最古老的藏书楼。

6."历劫仅存五分一"——历次书厄

黄宗羲先生曾为天一阁作藏书记,其开篇曰:"读书难,藏书尤难,藏之久而不散,则难之难矣。"私人藏书,无论收藏如何之富,管理如何之严,"久"则有之,"不散"则难。天一阁自创立至1949年的近400年间,饱经忧患,历尽沧桑,藏书也陆续散出。对于天一阁书厄现象的研究,首推陈登原。陈登原在《天一阁藏书考》中将范氏藏书的散佚划分为三个时期,即"一曰洪杨以前者,实为阁书以管理有所不及,而逐渐散佚","二曰洪杨之役,则实阁书大批散佚之时期","三曰洪杨以后,盖经丧乱之余,而又重以盗窃之祸。黄台三摘,抱蔓可归,此其时也"。并罗列诸多事实。陈登原对天一阁书厄的探讨属"书厄论研究派",重在对其历史原因的分析。而稍后的冯孟颛对天一阁书厄的研究,则属于以时序排比书厄事实的"书厄史记录派",直接继续了牛弘、胡应麟、祝文白的"五厄论",提出了著名的天一阁藏书"五劫说"。

冯孟颛先生认为,每当朝代更迭、社会动荡或战乱之时,图书极易散佚。天一阁藏书散佚中的"五劫",其中"四劫"与此相关。"五劫"具体如下:

明清易代之际,阁书"稍有阙失",但尚存十分之八。这是阁书首次遭劫。

清高宗弘历于乾隆三十八年(1773)开四库全书馆,纂修《四库全书》,向天下征求遗书,范钦八世孙范懋柱进呈阁书638部,绝大多数未归还。这是阁书的第二次遭劫。

道光二十年(1840),鸦片战争爆发,英国侵略军占领宁波,掠取一统志及舆地书数十种。这是阁书第三次遭劫。

清咸丰十一年(1861),太平军攻入宁波,即陈登原所谓"洪杨"时期。守天一阁的范氏子孙逃难于乡下,游民毁阁后墙垣,

图⑯ 天一阁藏书

潜运范氏藏书低价出售。后来虽然经范氏后人范邦绥及鄞县知县偕宗老多方购求，稍稍复归。这是阁书第四次遭劫。

民国三年（1914），窃书大盗薛继渭入阁盗书，使阁书丧失过半。此为第五劫。第五劫反映了范氏藏书家族共管的弊病，我们不妨细说一下。

民国初年，诸多遗老隐迹沪滨，常常以摩挲、摆弄古物以排遣他们那日薄崦嵫的日子，致使古玩、字画、古书、拓片价格飙升。上海六艺书局老板陈立炎精于鉴别，迎合风气，常从没落故家购书以牟其利。他曾亲至宁波，向天一阁后裔商购阁书之事。限于阁书属范氏家族共有、共管的事实，未有结果。但陈立炎志在必得，他根据清光绪年间薛福成编的《天一阁见存书目》中的名贵图书，摘编成本，注明卷数册数，以油印本作诱饵，让大盗薛继渭设法盗取。薛继渭于1914年3月来甬，"挟书目枣实"，开始疯狂的盗窃活动。他昼则鼾睡，夜则秉烛按书目索书，饥则食枣，潜伏其中半月，竟神不知鬼不觉，窃得善本图书1000余种。

薛继渭把窃得的书从水路运至上海，先后卖给上海六艺书局陈立炎、耒青阁杨云溪，苏州博古斋柳永春。六艺书局、耒青阁又将书卖给食旧廛肆。食旧廛肆将大部分书转卖给湖州南浔

藏书家蒋孟苹。部分为上海滩洋人所得，小部分流向社会。

天一阁藏书在沪出售的消息是缪荃孙提供的。缪荃孙（1844—1919）是近代著名的文献学家、藏书家。那时他侨居沪上，忽闻阁书大批出售，初以为天一阁后裔居然肯卖，实属不孝，乃致函范氏问个究竟，方知乃沪上奸商偷往。而范氏后裔也方才知晓。事后登阁，发现烛泪满地，遗矢狼藉，大批善本图书不翼而飞。范氏后人虽发现线索，鸣官究治，最后只有薛继渭被判处有期徒刑九年，后病死狱中。而范氏天一阁所失之书，或为遗老瓜分，或以无范氏藏书印记、无法稽核为由，一本也不曾追回。事后缪荃孙登阁，编有《天一阁失窃书目》两册，虽错漏不少，也可做此次失窃书的大概参考。

经过此次浩劫，天一阁的藏书已从范钦时代的七万卷锐减至一万三千卷。此后未曾有大的损失，故有后来郭沫若的"历劫仅余五分一，至今犹有万卷余"的诗句。

图⑰ 东园
图⑱ 书库内景
图⑲ 千晋斋
图⑳ 宝书楼

7. "人民珍惜胜明珠"——书城建设

> 明州天一富藏书,福地琅嬛信不虚。
> 历劫仅余五分一,至今犹有万卷余。
> 林泉雅洁多奇石,楼阁清癯类硕儒。
> 地六成之逢解放,人民珍惜胜明珠。

这是郭沫若于1962年10月26日、27日两日连访天一阁后亲笔题写的大幅中堂。"地六成之逢解放,人民珍惜胜明珠",反映了天一阁在新中国获得了新生。

(1) 私家藏书聚天一。中华人民共和国成立以后,由于中央人民政府对于文物、图书的重视,由于人民对中央人民政府的爱戴和信赖,许多收藏家纷纷将私人所藏的文物、图书捐献给国家。而著名的天一阁,由于已由国家管理,遂以其深远而广泛的文化影响,自50年代以来,一直成为宁波藏书家乐于捐书的去处,成为宁波私家藏书的汇聚中心。目前天一阁藏书已达三十万卷,计22542部、146847册。内有善本4974部、29896册;孤本1256部、3345册。

(2) 字画家谱增阁辉。天一阁向以藏书名,世人只知天一阁藏书之富,而不知天一阁藏画亦丰。天一阁藏的书画被其藏书盛名所掩,而未引起广泛关注。其实,天一阁藏的书画也颇具特色。从数量上讲,有四千幅之多;从质量上讲,品格高迈,不乏名家大作;从风格上讲,汇集了不同时期、不同流派的作品;从地域上讲,宁波地方书画家的作品占有相当的份额。经宁波收藏家的慷慨捐赠,天一阁藏书画达四千四百多幅,其中一级文物22件。而家谱也是天一阁藏书中的新品种。家谱,是一种以表谱形式记载一个以血缘关系为主体的家族世系繁衍及其重要人物事迹的特殊图书体裁。目前天一阁收藏家谱500余种。天一阁藏家谱在动员全世界的"宁波帮"都来建设宁波方面发挥了很好的作用。

(3)赓续传统收新志。纵观历代藏书家,乡邦文献的搜集、整理、收藏是他们藏书活动的重要内容之一。自宋以来,浙东的藏书家养成了收藏地方史志的传统。到了明代,范钦更是将收藏的范围扩大,以收藏全国的方志为己任。天一阁赓续传统收藏新编方志。经中国地方志指导小组批准,正式定名为中国地方志珍藏馆,并于1999年12月16日正式开馆。截至2001年7月底,已收藏全国各省、地(市)、县(市、区)三级新志书2100多种,计近4700多册,收藏专业志、部门志、名山大川志等2000多册,占计划收藏总数的80%以上,基本达到全国地方志收藏中心的要求。

(4)南国书城露英姿。在藏书建设的同时,国家不断加大对天一阁的投入,建设规模越来越大,建设速度越来越快。天一阁的建设可分为三个阶段,80年代以前,以天一阁藏书楼周边藏书文化区环境的整治和建设为主,80年代,以天一阁藏书楼文化休闲区东园的建设为主,90年代,着重于南国书城总体规划的实施。目前天一阁已形成了以宝书楼、尊经阁、新书库、东明草堂、范氏故居、明州碑林、千晋斋为核心的藏书文化区,以东

园、南园为主的园林休闲区和以秦氏支祠、陈氏宗祠（麻将博物馆）、书画馆组成的陈列展示区，一座占地25000平方米的"南国书城"已呈现在世人面前。我们相信，随着二期工程的实施，天一阁这颗最能反映和体现宁波历史文化名城风采的明珠必将焕发出更加耀眼的光芒。

图㉒ 中国现存藏书楼陈列

图㉓ 范钦手卷

(五) 仁人爱物传神州

宁波藏书家具有充分的人文主义精神,具体表现为好读精神、收藏精神、恪守精神、开放精神、爱乡精神和爱国精神。

1. 崇文尚学的好读精神

宁波自宋以来向为中华藏书重地,"田家有子皆习书,仕子无人不织麻"就是其耕读风气的真实反映。史载宁波人"为父兄者以其子与弟不文为咎,为母妻者以其子与夫不学为辱",有一种崇文尚学爱读书的风尚。明代大散文家张岱在《夜航船》中明确写道:余姚"后生小子无不读书,及至二十无成,然后习为手艺"。李邺嗣《鄮东竹枝词》云:"文学相传接里间,田家亦有带经锄。吕时善写乡风好,第一无人不读书。"其自注云:"吕中甫山人有《应教》述吾乡风俗。诗中一联曰:有地皆宜稼,无人不读书。"正是因为有了这种"人家不必问贫富,但有读书声便佳"的精神追求,才出现了像丰坊、范钦、卢址、徐时栋、冯孟颛这样的大藏书家。

宁波不仅有大藏书家,也留下了许多藏以致用的读书佳话和读书遗址。明代的沈一贯在《天一阁集序》中称范钦晚年好学，常读书至深夜，书声飘出窗外，四邻皆闻。清代的徐时栋初筑书楼于月湖烟屿，因两次北上会试不中，便发愤读书，专心著述，常彻夜不眠。湖边早起的渔民总可看到烟屿楼的灯光。此外，像万斯同读经、二志士读书僧舍、屠本畯读书为乐的读书故事和方孝孺读书处、梨花山读书台、陈翰读书处等读书遗迹，也是有史可稽、有迹可访，是宁波人藏以致用的读书精神的写照。

如此的读书风气，如此的苦读精神，自然与古代藏书家学者致力于劝学诱导有很大的关系，宁波的藏书家学者在这方面也有独特的贡献。明代慈溪人冯京第编有一册《读书灯》，汇录古代以物代烛、勤奋苦读的故事十二则，每则各由标题、韵语组成。如"赞江泌随月读"云："皓月暨明星，在天得气清。萧然无复烟火气，中夜相看眼共明。""赞顾欢、宋延之燃松明夜读"云："五粒松脂明，昼耕夜自读。与公接烛夜无眠，吞去灯煤写妙墨。"这种刻苦砥砺、勤奋读书的事例，无不使人动容，对于宁波历史上读书风气的形成具有强大的推动力。

2. 嗜书如命的收藏精神

自宋以来，宁波既已成为中华藏书重地，藏书自然成为甬上文人的一种风尚。考察宁波历代的藏书家，可以发现他们身上一脉相承的一种精神，即嗜书如命。在古代书籍较难得到的情况下，宁波的藏书家为了藏书都乐于、甘于抄书。范钦侄子范大澈"尤嗜抄书"，家养抄书手二三十人，日日抄书，每见人有写本未传者，必苦借之，抄而藏之，使其所藏几与天一阁相埒。史学大师黄宗羲续钞堂藏书，有相当部分"抄之同里世学楼钮氏、澹生堂祁氏；南中则千顷堂黄氏，吴中则绛云楼钱氏。穷年搜讨，游屐所至，遍历通衢委巷，搜鬻故书。薄暮一童肩负而返，乘夜

丹铅。次日复出,率以为常。晚年益好聚书,所抄自鄞之天一阁范氏、歙之丛桂堂郑氏、禾中圃曹氏,最后则吴之传是楼徐氏"。可见宁波藏书家所藏之书有相当部分是抄本,他们为藏书付出了艰辛的劳动。

　　宁波藏书家的另一种可贵的精神便是面对挫折,坚韧不拔,矢志不移。晚清的徐时栋便是一位颇具典型的代表。他初住月湖,名其书楼为"烟屿楼",藏书达六万余卷。太平军入宁波时,或被窃,或被焚,所剩寥寥无几。1862年,他迁居西门外,另起炉灶,重新访求散佚,整理旧编,积四万余卷,藏于城西草堂,不幸次年失火,所有藏书付之一炬。他两遭厄难,但没有一蹶不振,而是很快从废墟中重新站起,又投入到访书、理书的奋进中去,并建水北阁继续藏书。这种百折不挠、痴心不改的精神,是宁波历代藏书家精神的代表。也正因为有此精神,宁波才成为今日全国现存藏书楼最多的地区。

　　而誓与书籍共存亡的,当以近代藏书家冯孟颛先生和范氏后裔为代表了。冯孟颛"历三十年,而所蓄之本殆逾十二万卷"。抗战时期,在"倭寇窥鄞,警报日闻"的情况下,于书楼前挖一防空洞,誓与藏书共存亡,视死如归。范氏后裔在1939年4月9日,将天一阁藏书12箱、图书集成11箱随同浙江图书馆藏书一起,

图24 水北阁

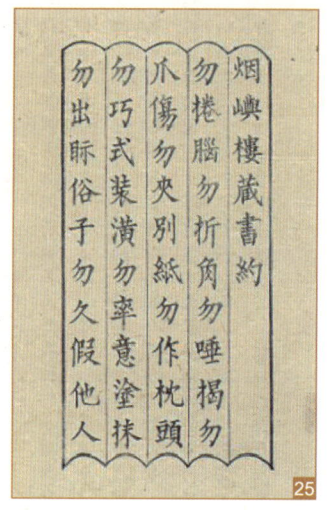

图㉕ 烟屿楼藏书约

移藏于龙泉县山中,由范召南管理。至 1945 年 9 月运杭州暂存,1946 年 12 月运回宁波,历时近 8 年,范召南默默无闻与之相伴,在天一阁的藏书保护史上立下了大功。

3. 世代相传的恪守精神

藏书世守思想在各地各代的藏书家中或多或少都有,而在宁波表现得尤为明显,数代相传的便特别多。位居南宋甬上四大家族之首的史家,自史浩治第于月湖建阁以奉两朝赐书以来,"子弥大、孙守之世掌其业";甬上藏书第一家、北宋陈谧,"子禾继之,禾子曦为藏书记,以期其后勿坠素业";南宋王应麟汲古堂藏书,其子昌世,其孙厚孙、宁孙均能继承,"世有人焉";元代藏书甲于海内的袁桷乃"承曾祖韶、祖似道、父洪三世之业"而成;明代丰坊万卷藏书则肇始于北宋丰稷,南渡以后历元迄明代有闻人,收藏愈富。而范氏天一阁,自明嘉靖间建阁,至 1949 年,十三代人薪火相传,绵绵不绝,成为中国古代藏书史上的"神话",更是甬上藏书家藏书世守思想的缩影。清代藏书家朱勋(五岳轩)其子、孙、曾孙"世守其业",黄定文(息圃)子孙"能继其业",张鲲(习静楼)"祖孙父子能世守其业",蔡氏墨海楼子孙能"世其业"。可见甬上藏书家多"藏书世守,代有传人"。

4. 爱书以德的开放精神

从总体上讲,私有藏书的保守性是由其客观历史条件决定的。但浙东藏书家还是具备了一定的开放意识和开放精神的。就拿时人和后人都视为保守的天一阁来说,作为私人藏书楼在历史上其开放度相对而言还是比较大的。在范钦时代,他与许多藏书家交换目录,互通有无,甚至订有"藏书互抄之约",在亲朋好友间是开放的。范钦之后,虽然"代不分书,书不出阁",但还是有选择地向一些真正的大学者开放的。天一阁对历代文化名人的学术成就所做出的不可估量的贡献,是任何一家私人藏书楼无法比拟的。

有选择地适度开放而不外借,这在私有制条件下已很难能可贵了。对这种开放思想进一步发展并付诸行动的则是余姚五桂楼的黄澄量。他在《五桂楼藏书目识》中曰:"余既构楼三间,以藏此收。盖欲子孙守之,后世能读楣书,可登楼展视;或海内好事,愿窥秘册者,听偕登焉。"而将私人藏书开放精神发展到理论高度的则数近代慈溪学者陈登原了。他于1936年出版的《古今典籍聚散考》将开放精神概括为"爱书以德"。他的基本观点是:近代藏书家"爱书以德",则应知子孙之不克久享,而将藏书廉售于公家图书馆,而得留其阅览之便利;即使退而求其次,亦应是私人藏书家幡然而悟,知历代人随书亡的教训,而"公诸天下,任人抄印",或自己量力从事"印行秘籍,结集遗书"的工作。总之,"藏书家爱书以德之自觉,诚今日切要之道德矣"。其"爱书以德"的思想对后人影响颇大。

5. 留意桑梓的爱乡精神

宁波的历代藏书家尤好留意桑梓。史学大家全祖望"于里中掌故考索尤勤",其藏书楼双韭山房"所藏典籍也以是类为备"。张津乾道《四明图经》为四明最早之志,全祖望购之不得,后见天一阁《四明文献录》全引其书,乃为之狂喜,"抄而出之"。可见其热爱乡邦文献之一斑。稍后的藏书家卢址,其抱经楼所藏也多为四明文献,以致乾隆年间,县令钱惟乔纂修县志时"多采择焉"。

宁波地方的藏书家还重视刊印地方文献。如徐时栋曾校刊《四明六志》,附《四明它山水利备览》,考异订讹,著成《四明六志校勘记》三十卷。宋元《四明六志》成为今天研究宁波地方史的宝贵资料,受到普遍重视。另外值得一书的还有张寿镛和他的《四明丛书》。他自20世纪30年代起致力于搜罗编辑宁波地方历史文献的工作,历时十余年,汇编成《四明丛书》,共八集。全书凡184种,1184卷,搜罗之广,卷帙之巨,为全国乡郡文献中所罕见。全国解放后,《四明丛书》雕版全部捐献给浙江省图书馆,后由扬州广陵古籍出版社重印出版,对保存浙东学术的文献资料做出了很大贡献。以上数例援引,都是甬上藏书家爱乡

图㉖ 张寿镛

精神的最好体现。

6. 化私为公的爱国精神

"爱书以德"的最高境界便是化私为公。宁波的藏书家在这方面也有杰出的表现。新中国成立以后，天一阁成了国家的一个藏书收藏单位，宁波许多著名的藏书家先后把自己珍藏多年的图书、绘画、碑帖等文物捐献给天一阁。曾任《鄞县通志》编辑主任的马涯民先生，于1954年1月写有一篇《天一阁记》，记载有关这一时期的捐献情况，他写道："地方藏书家也多将书籍捐赠。如志愿军张同捐赠其父张琴所藏书帖砖鼎，张伯觐捐赠其父张申之书籍，刘同坡兄弟捐赠其父刘楚芗书籍，张爽清捐赠其父张世训书籍，李蕴女士捐赠己有书籍，共有百余箱之多。所以除天一阁原有书籍外，接管的书反数倍于天一阁，而书画多至千余幅，碑帖古器亦各有数百件，以至于天一阁及尊经阁无从容纳了。"此后，"鄞徐荣增、荣辉、荣棠兄弟将厥考余藻先生遗书捐赠天一阁"，计医书32箱，后划拨宁波市图书馆古籍部。1957年7月，樵斋藏书主人张季言先生家属捐赠樵斋藏书57000卷；1962年4月，伏跗室藏书主人冯孟颛先生家属捐赠藏书10万余卷；1979年8月，别宥斋藏书主人朱赞卿先生家属将藏书10万余卷、字画文物1700余件捐赠；1979年10月，蜗寄庐藏书主人孙家溎先生之子孙定观捐藏书14000余卷，清防阁主人杨容林先生家属捐赠藏书12000余卷。此外，尚有张孟契先生捐赠其先人遗藏古籍3000余卷、袁梅堂先生家属捐赠静远山馆藏书等。从以上事实中，我们既可以看到"四明文献之邦"藏书传统的久长，也把天一阁视作具有"百川归流"的文化感召力的例证，更可以看到宁波藏书家的拳拳爱国之心。

总之，宁波藏书家仁人爱物的人文主义精神，为历史上宁波

藏书文化的发展做出了应有的贡献。今天，如果我们积极提倡和宣传以仁人爱物为中心的藏书家的人文主义精神，对于我们建设书香社会和港城文明也必将产生重大的推动作用。

图27 天一阁

宁波的藏书故事

[二]

薪火相传续书种

（一）风雨归舟只载书

> 尘埃满箧空鸣剑，风雨归舟只载书。

这是北宋文学家舒亶在陈谥逝世后写的挽联。

陈谥，字康公，北宋嘉祐八年（1063）进士。元丰七年（1084）任华亭知县。其地老百姓笃信佛教，有余钱全部捐献给寺院，而孔庙则湫隘卑陋。陈谥首先创议兴办学校，后因事罢去。陈谥不仅倡议兴学，还喜爱藏书，开陈氏藏书之风。其藏书中经其子陈禾，筑室以藏。至陈禾之子陈曦，藏书达万余卷。全祖望《句余土音》之《陈文介公二灵山房》有"滴露研朱点四经，佳儿聚书过万卷"之句，佳儿即指陈曦。

陈禾（生卒年不详），字秀实，鄞县人。元符三年（1100）进士，任郓州司法，平反冤假错案甚多。后迁太学博士，擢监察御史、殿中侍御史。疏劾蔡京党徒李孝寿罪，被罢官。嗣左正言、给事中。时童贯专权，上疏弹劾，列举童贯之罪，言词痛彻，被谪监信州酒税，遇敕还里。性不苟合，后又受他事牵连罢官，遇敕复起，知广德军，历知和州、秀州，改知舒州，命下而卒。著有《易传》十二卷、《春秋统论》一卷、《春秋传》一卷、《论语传》十卷、《孟子传》十四卷。

陈禾在历史上还以因直言进谏，扯破黄袍的故事而名垂青史。《宋史·陈禾传》有载：时童贯权益张，与黄经臣胥用事，御史中丞卢航表里为奸，搢绅侧目。禾曰："此国家安危之本也。吾位言责，此而不言，一迁给舍，则非其职矣。"未拜命，首抗疏劾贯。复劾经臣："怙宠弄权，夸炫朝列。每云诏令皆出其手，言上将用某人，举某事，已而诏下，悉如其言。夫发号施令，国之重事，黜幽陟明，天子大权，奈何使宦寺得与？臣之所忧，不独经

图① 二灵寺
图② 二灵塔

臣,此涂一开,类进者众,国家之祸,有不可遏,愿亟窜之远方。"论奏未终,上拂衣起。禾引上衣,请毕其说。衣裾落,上曰:"正言碎朕衣矣。"禾言:"陛下不惜碎衣,臣岂惜碎首以报陛下?此曹今日受富贵之利,陛下他日受危亡之祸。"言愈切,上变色曰:"卿能如此,朕复何忧?"内侍请上易衣,上却之曰:"留以旌直臣。"陈禾在朝堂之上当众扯破了皇帝的黄袍,皇帝不但没有降罪于他,还以不换破衣来表彰陈禾的直谏之行。

陈禾藏书处为二灵山房,在东钱湖。乾道《四明图经》曰:"东钱湖中有山突然,曰二灵。熙宁间左正言陈禾筑山房以读书其中。"高宇泰《敬止录》也云:"二灵山,县东南五十里,谓山灵水灵,湖之中一山突然,水四环之,不与陆接。宋熙宁间左正言陈禾筑室读书其中。"元戴良有《二灵山房记》曰:"鄞之名山水,不可以一二数,而东湖为最奇。东湖之名山水,不可以一二数,而二灵为最奇。二灵山房则又得夫二灵山水之最奇者也。山有二灵寺,即寺右庑为山房。寺与山房皆因山以为名。"现二灵山房已不存,只存二灵塔。民国《鄞县通志》有载:"宋文介公(指陈禾)读书于此,后建二灵寺及塔。"

陈禾之子陈曦,字元和,登进士,知休宁,政尚清廉,守法不阿。改国子正,擢给事中,知濠州,拜翰林学士。陈曦撰有《藏

书记》，以告诫后人，勿坠素业。陈禾死后，陈曦遵父志，将其葬在东钱湖二灵山上。陈禾父子弹劾不避权贵，不愧为北宋耿臣。

  古代私人藏书随着印刷业的发展而走向兴盛。北宋庆历中期，毕昇发明了活字印刷术，也为私人藏书开启了一个新时代。而陈氏三代则开宁波藏书风气之先。

图③ 钱湖十景之二灵夕照

图④ 袁珙

（二）我家读书在柳庄

一骑传宣至北平，叩头伏地颂神明。
传家忠孝空言耳，但解纵横效蒯生。

这是叶昌炽的《藏书纪事诗》中对袁忠彻的描述。

柳庄是宁波城西门外的一条小巷，本身并不起眼，因为西门袁氏的书香和《柳庄秘传相法》名扬天下。袁氏的藏书楼静思斋是由袁忠彻在继承前辈的基础上创立的。

袁忠彻（1376—1458），字公达，又字静思，鄞县人。袁珙之子。洪武三十年（1397）随父到北平，得燕王朱棣赏识，参与"靖难之役"的密谋，人称"小秀才"。明成祖即位后，任鸿胪寺序班，不久升为尚宝侍卿。历官至少卿。后家居二十年，热衷于读书和古玩收藏。

袁忠彻出身读书人家，其祖父袁彦章曾为翰林国史检阅，世称"菊村先生"，尝作《布衣歌》云："我家颇读书，初非田舍翁。"其父袁珙（1335—1410），字廷玉，幼承家学，博览群书，年轻的时候在海边游览，遇到异人传授相术，判断人凶吉很准。明洪武

间,姚广孝荐于燕王朱棣,密召至北平,袁珙一见朱棣就伏地叩头曰:"真太平天子。"朱棣即位后,封他为太常寺丞。不久以后,袁珙要求辞官回家养老,隐居县城西门外柳庄(今柳庄巷),号柳庄居士。著有《柳庄集》《忠义录》《柳庄秘传相法》(日本内阁文库藏有明刻本)等。袁忠彻能传父术,著有《人相大成》《神相全编》《古今识鉴》《袁氏家藏古玩》等。

袁忠彻不仅传承了其父的相术,更发扬了"我家颇读书"的传统,创立了静思斋藏书楼,丰富了藏书。陈敬宗《符台外集序》称:忠彻退朝之暇,日与缙绅文士磨砻讽咏,故其收藏亦富。

袁忠彻有诗咏静思斋,从诗中我们可以看出将书楼命名为"静思斋"的含义,诗曰:

人生穹壤间,进德贵有思。
所思既能静,此心无外驰。
所以古君子,勉焉日孜孜。
动息无或违,言念皆在兹。
昔人既云然,余生当何为。

躁妄宜有禁,静专恒自持。
洞属鉴奉盈,屋漏宁敢欺。
服膺庸勿强,四勿以为贵。

其藏书印颇多,有"尚宝少卿袁氏忠彻印""忠彻""南昌袁氏家藏珍玩""子孙永保""袁申儒印""瞻衮堂""袁氏父子列卿""忠孝世家""袁氏忠彻""袁氏珍玩子孙宝之""尚宝司卿袁氏家藏"等,更有一颗引《颜氏家训》六十五字的长木印记。藏书印是中国传统藏书文化的组成部分,对藏书钤以印文是很多藏书家的传统习惯。印文内容多为藏书者的名字、堂号,或行第、祖籍、身份、纪年、记事等。根据藏书印可以推知一书的版刻年代,如一书钤有明代的书印,则此书的版刻年代肯定在此之前。

图⑥ 印文右起为:袁忠彻印 忠彻 尚宝少卿袁氏忠彻印

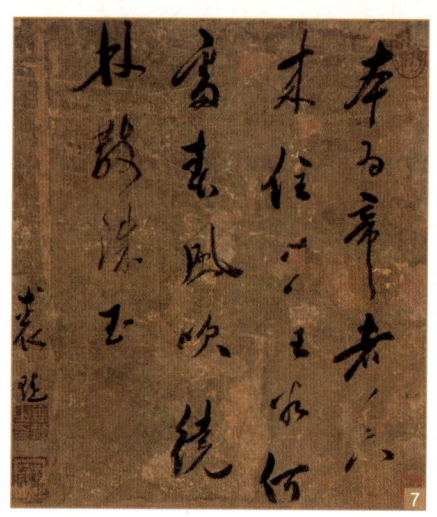
图⑦ 裘琏墨迹

（三）玉湖藏书过范氏

曾闻崇祯朝，高楼过湖畔。
藏书过范氏，笙歌杂清燕。
今日已无楼，乌能复见书。

清裘和《玉湖感怀诗》所咏的是裘永明的藏书楼，其藏书超过范氏天一阁。

裘永明（生卒年不详），字纯德，明末慈溪人。早年曾以诸生身份宦游淮、徐、楚、闽、粤，常"一灯荧荧，不知其他"。后归读玉湖楼，不为科举所束缚，其玉湖楼"知名人士，相聚问难"，常常高朋满座。善书法，得虞世南、褚遂良笔意，当其得意疾书时，有兔起鹘落之势。南明鲁王监国时，散家财募兵贡献国家，被授予左军都督。其藏书处即玉湖楼，建于崇祯末年，二传而至其子裘琏。

裘琏（1644—1729），字殷玉，号蔗村。因世居横山，学者称横山先生。生而孤露，聪颖过人，能古诗文及乐府词，才思敏捷，对客作诗歌古文，往往挥毫立就。康熙五十四年（1715）进士，改翰林院庶吉士,时年逾七十。曾因黄宗羲推荐,和他一起修《大清一统志》,以十五日而成《三楚志》,"最工且速",为人钦服。著有《复古堂集》《横山诗文集》《玉湖诗综》《明史·崇祯长编》。裘琏还是一位戏曲家,致力于戏剧的创作。他所撰作品大都已失传,流传至今的有杂剧《昆明池》《集翠裘》《鉴湖隐》《旗亭馆》,传奇有《女昆仑》《混元盒》。

  裘琏自小在玉湖楼刻苦攻读,"玉湖楼藏书数千,罔不钩元提要,年未壮而著作等身。"玉湖楼藏书几何,据裘琏《上黄梨洲书》云:"玉湖楼藏书过范氏天一阁。"天一阁藏书盛时仅七万卷,过天一阁是完全可能的。可惜玉湖楼不久即毁,原因不明。一代名楼很快就消失了。

（四）次之四香居陈氏

梨牛骍角难为尔，委鬼茄花已忽诸。
相见东林诸老集，三薰三沐四香居。

这是叶昌炽《藏书纪事诗》中关于藏书家陈小同的开篇。陈氏也是浙东藏书名家。陈小同为陈朝辅之子。

陈朝辅，字平若，一字苇庵，万历四十四年（1616）进士。累官至监察御史，晋太仆寺少卿。所居在鄞城竹湖四香居，藏书楼曰云在楼，此外尚有桂松轩等，极林泉之胜。其云在楼藏书极富，仅次于天一阁。全祖望《鲒埼亭集》曰："吾乡之以藏书名者天一阁范氏，次之四香居陈氏，又次之则南轩（指明末清初藏书家陆宝的南轩书屋）之书也。"

陈朝辅之子陈自舜（1634—1711），字小同，一字同亮，号尧山，为黄宗羲甬上十八高足之一。为人强毅方严，笃持名教。其父陈朝辅明天启时曾任御史，但品行卑鄙，勾结魏忠贤，是阉党中人。陈自舜对其父所作所为，深以为耻，平时不愿人称其为公子。一次黄宗羲讲学时提到天启时某官以某物赠阉事，即指其父陈朝辅谄媚魏忠贤之事。以诸生隐居讲学，皓首穷经，不遗余力，人称"终日辑耆经学，兀兀不休"。于《春秋》穷采微旨，又精研字学，凡《字汇》《正字通》《古今韵略》诸书，有一字未经搜入者，悉为补辑。

陈自舜也喜购书。黄左臣《古今纪要逸编序》谓其"笃志好学，积有年岁，博通经史，于子集诸书靡不究极，凡遇奇字疑义，必手自搜讨注释而后已，或得古人断简残编，亦必珍而藏之，以备订补"。叶昌炽《藏书纪事诗》谓其"喜购书，其储藏为范氏天一阁之亚"。又说他收藏的图书类型丰富，先人前辈的遗墨也很

多，遇到名流鉴书，就要求题识。故所蓄愈富，使四香居藏书自明末以来一直成为仅次于天一阁的浙东大藏书楼，名誉士林。

陈自舜还关注、刻印地方文献。其跋《古今纪要逸编》云："先大夫留心史志，搜购遗书，抄得郑千之所辑《四明文献》，内有《两朝纪要》。余阅之狂喜，天下固有湮没数百年而一旦复出者乎？"于是把《两朝纪要》刊刻成书，流传后世。

云在楼早已不存，今天一阁内之书画馆主楼亦曰云在楼，非原楼之迁建，乃新构之建筑，借其名以示纪念而已。

图⑧ 天一阁云在楼

（五）先世遗书代代传

> 宋忠襄李显忠之后，世居清涧，忠襄曾孙守真始迁于鄞。其下六世是为先生之高祖循义，嘉靖癸未进士、御史，出守衡州。曾祖生威，举于乡，官凤阳府推官，其孙即守贵州之巡抚枟也，因赠兵部尚书。祖德升，永平卫经历。父橺，崇祯丁丑进士，礼部仪制司主事。

这是黄宗羲撰《李杲堂先生墓志铭》中所述，可见李家自李显忠后历代为官，为名门之后。

砌街李氏为甬上文献世家，其始可以追溯至李邺嗣前第九世，至李邺嗣终成一代文献大家。

李邺嗣（1622—1680），原名文胤，以字行，号杲堂，鄞县人。年十二即能题咏佳句，十六岁为明诸生。其父李橺官岭外，随侍之，号称"通人"的张孟奇对他极为欣赏，与之成为忘年交。归里后名声大起。顺治五年（1648），刚刚脱祸于抗清义士华夏之难，复因其父参与四明山抗清被逮下狱，他也被驱至定海，缚马厩中达七十日。后因万泰力救得免。同年七月又被捕下狱，不久被释。李邺嗣自蒙此难，身体虚弱多病，踪迹多在僧寺野庙，而好义之心不改。顺治七年，四明山抗清义军首领冯京第被捕，监军、黄宗羲之弟黄宗炎也被捕下狱，即将行刑，李邺嗣与冯道济倾家财将黄宗炎救出。康熙初，清兵搜到大陆缙绅与抗清明将张苍水往来之书信，欲按籍而杀，李邺嗣又使计令其中止，保护了一大批人。

李邺嗣取蕺山之学于黄宗羲，复承章浦（黄道周）之学于何羲兆、吕汉常。入清以后，多与失职之士大夫相游。燕人梁以樟至鄞，偕万泰、徐凤垣、高斗权、高斗魁与之赋诗唱和。乡人组织

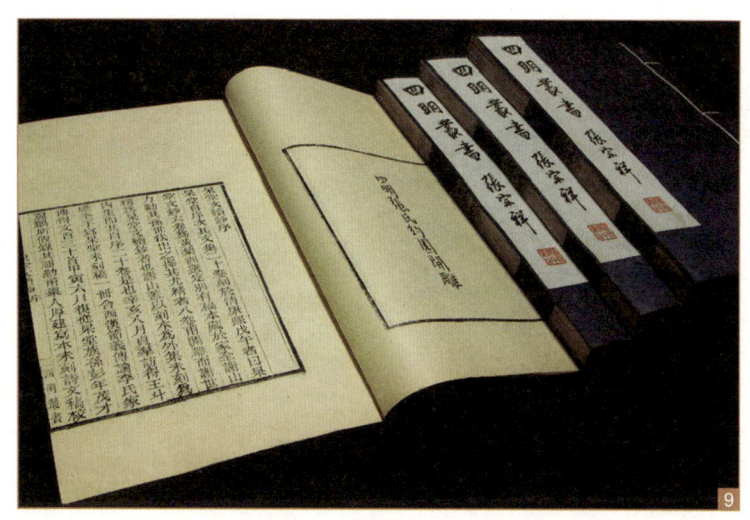

图⑨ "四明丛书"之《杲堂文续抄》

鉴湖社,仿科考之例,以李邺嗣为主考。康熙十七年(1678),浙江官员举荐博学鸿词,以死力辞。晚年力任地方文献之重任,以地方文献零落,辑《甬上耆旧诗》,搜寻颇费心力。书成,人各有传,开甬上辑耆旧诗之先河。文章多记明清之际事。才名甚著,与徐振奇等号为南湖九子。诗文亦卓然成家。

李邺嗣有藏书处东皋草堂。砌街李氏为甬上文献世家,其始可以追溯至李邺嗣前第九世。其先祖李茂生走"学而优则仕"之路成功,首有功名,开李氏文献世家之先河,开始文献图籍的积累工作。经其子李鼎,续有所增,至李鼎子李迪时已"少读先世遗书,能传其学"了。李迪子李端已有"东皋草堂"之名,并耕读其中了。东皋草堂成为砌街李氏家族藏书、读书之地。李端子李正华曾在东皋"日课子孙耕读",而其次子李循义则"独喜读书,遇典籍善本,虽家有重编,重副必得",使东皋草堂的藏收有了较大的增长。李循义之次子李生威五岁求学,遍读家藏诸书。其子李德先、李德升皆"少有弄才",能承家学。李德升为李邺嗣的祖父,生二子,为李树和李橺,皆能读所藏之书。经过一代代的承传,至李邺嗣,终于发扬光大,成为一代文献大师,达到李氏文献世家的顶峰,对四明文献有很大贡献。李邺嗣之子李暾,字伯寅,一字东门,少负才气,颇任侠,读书不耐章句之学。

有别业松梧阁,中有闲闲堂、蜗庐、面墙书屋,藏书其中。《樗庵存稿》之《松梧阁叹》云:"别添小阁贮图书,特爱清阴敞廊庑。"李暾有三子,次子世法尤善承先志,赋雕过两世遗集,尚稍有名,至后则式微了。真如全祖望所言:"杲堂、东门之庭,一旦扫地,甚可哀也。"

李氏家族从李茂生至李暾之子李世法,历十二代,能成文献世家,其东皋草堂藏书功不可没。

图⑩ 李邺嗣故居

（六）鹳浦藏书精且博

太冲先生最喜收书，其搜罗大江以南诸家殆遍。所得最多者，前则澹生堂祁氏，后则传是楼徐氏，然未及编次为目也，垂老遭大水，卷轴尽坏。身后一火，失去大半。吾友郑丈南溪理而出之，其散乱者复整，其破损者复完，尚可得三万卷。而如薛居正《五代史》，乃天壤间罕遇者，已失去，可惜也。郑氏自平子先生（指郑溱）以来，家藏亦及其半。南溪乃于所居之旁，筑二老阁以贮之。

这是全祖望所撰《二老阁藏书记》中的一段话。二老阁一度成为浙东的学术中心。让我们先从二老阁的创建者郑性说起。

郑性（1665—1743），字义门，号南溪，又号五岳游人，郑溱之孙，郑梁之子，慈溪人。康熙五十九年（1720）贡生，应受铨试不赴，因而终生未仕。漫游四方，五岳历其四，独衡山未至，年八十将南行，未几而卒。有《仅真集》一卷、《南溪不文》一卷、《南溪梦寐》一卷、《南溪寤歌》一卷等。

郑性"于南雷黄氏之学，表彰不遗余力"。其父郑梁想要立家祠来纪念南雷先生黄宗羲和祖父郑溱之志，就在所居之东筑二老阁。渡曹娥江，抵四明，离鹳浦四五里之遥，即可望见二老阁崇楼杰阁，岿然峙立天际。楼上奉南雷、郑溱二友之木主，旁立郑梁木主。楼下庋藏书籍。

二老阁郑氏乃是文献世家，肇始于郑溱。郑溱（1611—1696），字平子，号兰皋，别号秦川，慈溪人，崇祯十三年（1640）副榜，将拜吏部主事，改授县令不赴。与黄宗羲同学于刘宗周之门，又同为遗民，相契最深。明亡入清，自此终生不复言仕，埋身江上，读书授徒以奉其亲，处之怡然，以著述自娱，五年不入城市，开始藏书。光绪《慈溪县志》卷三十"郑溱本传"说郑溱"弱冠游庠（明清时，儒生经考试取入府、州、县学为生员，谓之"游庠"），研究六籍，于诸史百家之书，无不手披口诵，抄纂等身"。

慈溪郑氏自郑溱以后，世以文章显，代有传集。此后二老阁藏书、刻书名满天下，郑氏一门延绵七八代，为文献世家。

郑溱之子郑梁（1637—1731），字禹梅，又字百祥，初号香眉，继号踽庵，后号寒村，晚年得半身残疾，又自号半人、半生，慈溪人。康熙二十七年（1688）进士，改庶吉士，散馆授工部湖广司主事，旋升员外郎、刑部山西司郎中。三十三年充文武会试同考官，所拔多佳士。三十四年任广东高州知府。著作有《勉斋家传》一卷、《郑氏人物传》一卷、《香眉焚余集》（附年谱）、《五丁集》诗五卷文二卷、《寒村杂录》一卷、《读书杂记》《息尚编诗文》四卷、《半生亭诗文集》一卷补二卷等。出黄宗羲之门，诗文学问大进，诗以《晓行诗》得名，文类归有光。郑梁性好藏书，"家中藏书甚富，与范氏天一阁相埒"。家有石叟室、丈七间、半生闲亭，为藏书、读书之室。康熙四十五年丙戌秋，又治其西圃为室二十楹，曰大椿堂，裘琏为撰《大椿堂记》。郑梁出黄宗羲之门，又其父溱与宗羲为挚交，乃于康熙十七年，谋刻黄宗羲之文，曰《南雷文案》二十卷，包括《文案》十卷、《吾悔集》四卷、《撰杖集》一卷、《子刘子行状》二卷、《南雷诗历》三卷。民国间涵芬楼更《南雷文案》名为《南雷集》，附以黄百家《学箕初稿》二卷。后郑梁又遗命子郑性筑二老阁，以祀黄宗羲和郑溱。

据徐嵩《二老阁记》和《郑氏家谱》卷十四载，二老阁始建于康熙六十年（1722），雍正元年（1723）竣工。阁中藏书主要是两家之书。一是郑氏先代遗书两万余卷，郑勋《二砚窝书目记》云："余家自先濮州公以文章显，代有传集，至宪副公积藏书二万卷。"一是黄宗羲续抄堂三万卷。据全祖望云，郑性收黄氏书理而出之，尚可得三万卷。两项相加应为五万余卷，规模甚

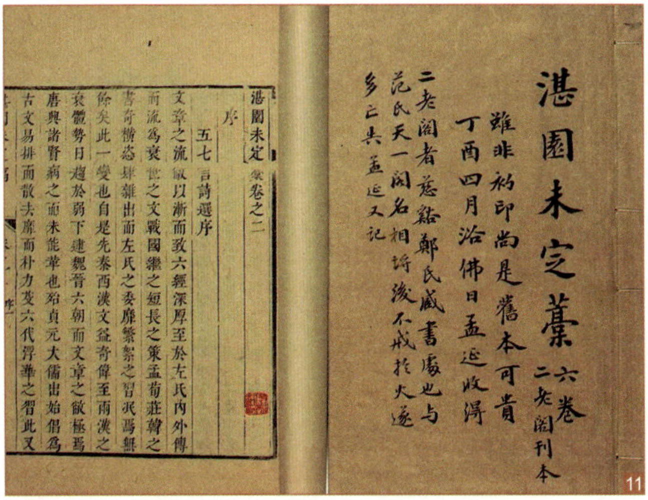

可观。但据徐嵩《二老阁记》记载：黄宗羲家中失火使得藏书半失，郑性就把藏书阁建在住宅的左方，把黄宗羲剩下的书藏在宅旁。黄宗羲的书本有数万卷，现在剩下的五千本，从书目看大多不全。

关于二老阁藏书，郑性之友全祖望《二老阁藏书记》言之甚详。其所撰《五岳游人穿中柱文》云："先生于黄氏之学，表章不遗余力。南雷一水一火之后，卷籍散乱佚失，乃理而出之。故城贾氏颠倒《明儒学案》之次第，正其误而重刊之。先是，尊府君高州（指郑梁）欲立祠于家，以祀南雷而不果。先生成其志，筑二老阁于所居东，以祀南雷及王父秦川观察（指郑溱）。春秋仲丁，祭以少牢，黄氏诸孙及同社子弟皆邀之与祭，使知香火之未坠也。"详细记载了二老阁建造的来龙去脉。"四方学者或访求南雷之学，不之黄氏而之鹳浦，即黄氏诸孙访求簿录，亦反以先生为大宗。"

二老阁在中国学术史和藏书史上颇具地位。陈登原《古今典籍聚散考》云："此阁藏书，在时间上则继余姚黄氏之绪；在空间，则与宁波范氏天一阁、卢氏抱经堂鼎足而立。"其价值，一是掇拾黄氏续抄阁之残余。黄宗羲续抄阁喜藏书、抄书，于世学堂纽氏、澹生堂祁氏、千顷堂黄氏、绛云楼钱氏、天一阁范氏、传

图⑪ 二老阁藏《湛园未定稿》

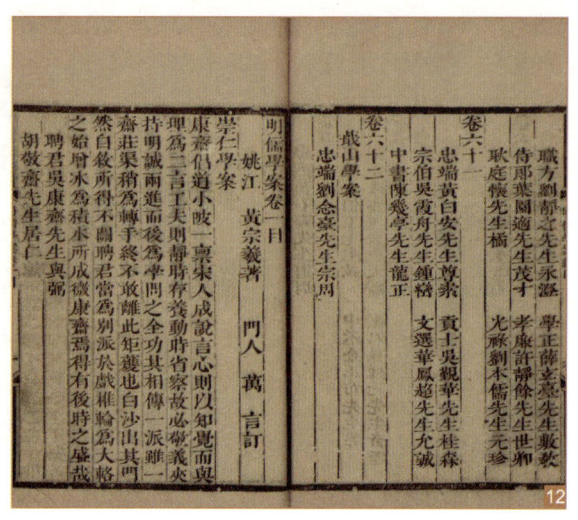

图⑫ 二老阁刻本《明儒学案》

是楼徐氏等藏书,无不借而抄之。尤其是祁氏藏书散出时,精华尽归南雷。这部分书价值是极高的。二是使郑氏、黄氏二家"手泽在焉","薪火临焉"。黄宗羲是清初著名思想家、学者,郑溱系黄宗羲之友,郑梁系弟子。郑氏后人与两家文献,"虽残篇断简,其尚在所珍惜也","师传家学,倍有光矣"。故"四方学者或访求南雷之学,不之黄氏而之鹳浦"。

全祖望又有诗论郑氏藏书云:

浙东藏书家,首推天一阁。其后澹生堂,牙签最审确。于今有鹳浦,善在精且博。我观古著录,诸家亦纷错。藏书不择书,糠秕混精凿。藏书不读书,庋置怜寂寞。读之或不善,丧志恐作恶。南溪真书仓,万选钱在索。收拾南雷书,门墙幸有托。反疑过高妙,一切弃糟粕。我生苦谫闻,渔猎猎荒落。何时得假馆,疑义相弹搏。直溯西汉波,以济枯鱼涸。

郑性亦喜刻书。所刻有:黄宗羲《南雷文约》四卷、《明儒学案》六十二卷,自著《南溪偶刊》,包括:《南溪梦寐》一卷、《南溪寤歌》一卷、《南溪不文》一卷、《仅真集》一卷,父著《寒村集》

三十六卷。

郑性之后郑氏代表人物有：

郑大节（1705—？），字临之，号箨垞，晚号补牢翁，溱之曾孙，梁之孙，性之长子，慈溪人。十七岁补定海县庠生，一赴省试即弃去。善山水，暇则鼓琴作画，以诗酒自娱。有《箨垞遗稿》《四明诗汇》等。

乾隆间开四库馆征书，三十八年（1773）闰三月二十六日浙江巡抚三宝奏折云："又访有宁波府慈溪县郑大节家，藏书颇富，亦已飞饬宁波府徐崑亲往访购。"四月二十八日奏折云："又慈溪郑大节家藏书，虽远逊于范氏之多，其中亦有未曾习见之书，可备采折者，亦复抒诚愿贡献，现查有书八十二种。"实则郑大节检取二老阁藏书精本九十四种进呈，有四十七种二百九十卷著录于《总目》，其中三十三种入存目。嘉庆间《天一阁书目》卷首附载二老阁呈书目录，其中《警时新录》五卷、《岭海舆图》一册、《海语》二卷、《灼薪剧谈》一卷、《十八方加减》一册、《造砖图说》一册、《西洋国志》一册、《九代乐章》二十三卷等为罕见之书。写本还真之日，书被翰林院截留，或在省垣为大吏所取去，还阁者极少。

姚椿《樗寮日记》云："至鹳浦，访郑氏二老阁，规制略似范氏天一阁，但范阁下有屋，此仅离地数尺耳。主人云：'乾隆丙午间，曾被焚毁，又进呈书皆未领回。'此二事后来考文献者不可不知。"

郑中节（1709—1768），字发之，号诎斋，溱之曾孙，梁之孙，性之仲子，大节之弟。幼承庭训，务为有本之学，性倜傥负气节，读书不屑章句。终生不仕，好山水之游。早岁游秦中，有《游秦草》。

谨守二老阁藏书。余集撰《墓志铭》曰："家故多藏书，辄杂览经史以及五行九数青乌之学，靡不浏览。""百年以来，南雷之书荐遭水火，甬上遗老亦零落殆尽矣。而君家遗籍独完好如故，流风余韵,仿佛犹能道之。""君既归,讫无所成就,念先人之清芬,延令诸于将坠,皇然有守先待后之志。于是发所藏箧,勤加雠比,篇帙坏舛者辑褫刊正之。与天台齐宗伯召南、仁和杭太史世骏、同郡全太史祖望为友,有疑义辄就裁审。""每朔望率诸子焚香拜阁下,春秋丁日,束牲以祭,诚敬如游人(其父郑性号五岳游人)在时。"

郑竺(生卒年不详),字弗人,号晚桥,郑溱之五世孙,梁之曾孙,性之孙,中节之三子,慈溪人。县诸生。少颖异,读书一目数行,酷好诗古文辞,与顾椷、桂廷珪为诗会,唱和无虚日。客武林,杭世骏、金农、鲍廷博诸名宿并器重之,见者莫不倾慕。郑竺之父郑中节因为意气用事,引来流言之灾入狱,竺奔走营救,事定,遂咳血而卒,年仅二十有五。弟郑甲字孚春,号雪桥,精历数,工诗文书画,能琴,亦以家难抑郁,年二十四,尽焚所作而亡。郑竺有《溪上旧闻》二卷、《野云居诗文稿》二卷。郑甲有《雪桥居士遗稿》一卷、《闲情草》。

郑竺自幼在藏书甚富的二老阁耳濡目染,绝不是才识平庸浅薄之辈。又所居饶园池之胜,名花奇石,草木丛生,时招友朋觞吟其中。所储书法名画之处为野云居。遇火烬,子勋重建之。

郑浩(?—1811),字芝室,大节之孙,乔迁之父,慈溪人,居鹳浦,仕履未详。四岁而孤。

据光绪《慈溪县志》卷三十二记载:郑浩喜欢古书名画,见到就买,有一次见一户人家的灶台下有邬斯道的《春草集》,就急忙购回,补刊了其中的缺漏处。

郑勋(1763—1826),字书常,号简香,溱之六世孙,梁之五世孙,性之曾孙,中节之孙,竺之子,慈溪人。从蒋学镛受《毛诗》《春秋》,得浙东学派之嫡传。有《郑氏征献录》,《二砚窝诗存》三十八卷、文集六卷,《二砚窝读书随笔》,《梨洲年谱》,《简香日录》等。

嘉庆初，二老阁书散之后，郑勋留意于市肆之间，物色二老阁散出之书，或虽非故物亦设法购回，或借抄于人。经十余年，积书两千余卷，别辟二砚窝以庋藏。蒋学镛为之作《二砚窝记》。得朱彝尊赠其高祖郑梁诗手稿，遍征题咏，阮元、谢启昆等三十八人为之题诗，又绘《二老重逢图》。别筑二老堂于二老阁旁，以祀郑梁、朱彝尊。阮元题匾额，秦瀛书楹联，袁钧撰《二老堂记》。郑氏十世皆有专集。

郑勋刻书甚多。一是继续刊黄宗羲未刊之稿，如《明夷待访录》一卷、《思旧录》一卷、《南雷文约》四卷。一是刊郑氏一门著述，如郑梁《勉斋先生遗稿》三卷、《寒村举业偶存》一卷、《寒村七十祝辞》一卷、《守高存言》一卷、《勉斋家传》一卷等；郑竺《野云居诗稿》二卷、《野云居文稿》一卷、附录一卷等；郑甲《雷桥居士遗稿》一卷；又有《雪窦唱和记》一卷、《雪窦唱和诗》一卷、《初夏唱和诗》一卷、《江亭唱和》一卷等。此外，还刻杨简《石鱼偶见》一卷、冯次牧《天益山堂遗集》十卷、潘平格《求仁录》十卷、李东门《四明四友诗》四卷等。

郑观海，字、号、生卒年及仕履未详。郑溱之七世孙，梁之六世孙，性之五世孙。浙江慈溪人，居鹳浦。

二老阁藏书历经近两百年，中经乾隆五十一年（1786）火厄。郑氏翰林第东厢火起，恶少趁火打劫，争取其书而去，所存仅十之一二，且多残编断简。后又经道光二十六年（丙午）、咸丰三年（壬子）两次火厄，所剩无几。观海于咸丰十一年（1861）重修二老阁，渐复旧观，藏书仅余万卷及所刻书版片。其《辛酉重修二老阁感赋》云：

巍巍杰阁临江浒，数百年来蔽风雨。
藏书万卷半虫蚀，遗集镂板尚不窳。
上有先世木主存，祖孙三代相步武。

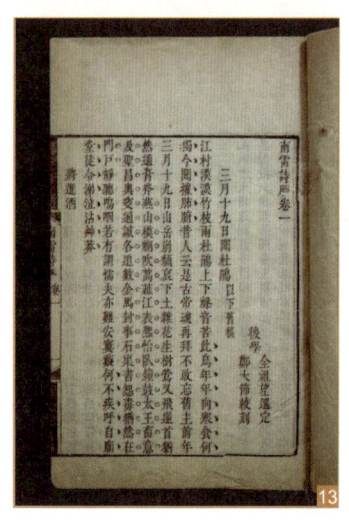

图⑬ 二老阁刻本《南雷诗历》

岁岁春秋释奠诚，一瓣书香阅今古。
崇朝盲风怪雨来，栋折榱崩难修补。
此事原非独木支，创业当思绳厥祖。
鸠工庀材几周章，子弟奔走力宜努。
藉藉人言嗟废兴，家乏藏镪被人侮。
幸也祖泽尚未泯，竭蹶张罗撑门户。
虽无翚飞鸟革观，依旧规模拭目睹。
肖然咸仰鲁灵光，万丈光芒中夜吐。

然是年十一月，太平军攻占县城，恶少乘机入二老阁，又窃去藏书一批，后归于冯氏醉经阁。这里顺便谈谈藏书者的得书途径。藏书家的得书途径很多，有些颇具传奇色彩，但最普遍的途径无外乎购买、受赠、抄写甚至窃掠。购买为主流的藏书途径。宁波抱经楼主人卢址曾经斥巨资购买《古今图书集成》，所费之巨，当地无人能望其项背，交换多见于藏书者之间，以书换书，互补余缺，达到书籍收藏资源的优化配置。而抄写是一种最为可持续发展的收藏方式。大户私人藏书之家往往雇有大批抄书人员，如范大澈在长安的府邸就雇有二三十个人抄书。清代曾登上过天一阁的藏书家刘喜海，在浙江任官期间，曾赴或派人从天一阁抄出不少珍籍,他登阁期间曾编《天一阁书目》,对天一阁藏书了如指掌,更方便了他委人抄书。虽有"窃书者不为贼"的说法,窃书行为依然为人所不齿。而窃书行为又多见于书商,书商中有一大批藏书者,他们的藏书目的多为利益驱使,而非文化传承的诉求。

郑乔迁(1811—1852),字耐生,大节之曾孙,浩之子,慈溪人,居鹳浦。县诸生,工科举,旋弃去。为人耿絜,不为世悦,人恒怪而笑之。时时学为古人之文,出以示人,人益怪而笑之。有《藏密楼文稿》四卷,冯登府序。

"发先世二老阁书及借阅范氏天一阁所藏,一资其文。与阳湖陆祁生、吴仲伦为师友。明季浙东多奇节,乔迁于梨洲、谢山所经述,欲赓续之,遍寻荒冢断碣,徘徊穷山中,不问家事,惟好饮,饮必有诗。已,皆屏弃之。"其六世祖梁葺大椿堂,乔迁有《大椿堂补植卉木记》,云:"嘉庆十六年(1811),兄弟析炊,余得堂焉。吾家丙午、壬子(道光二十六年、咸丰二年),两遭火厄,惟是堂岿然独存。"

二老阁藏书代有散佚。一散于四库馆征书"写本还真之日",二散于乾隆五十一年(1786)夏二老阁火灾为人所趁火打劫,三散于太平天国军攻慈溪,为恶少窃书甚多。谢振定《赠郑简香征君序》云:"寒村先生之曾孙简香,以孝廉方正就征至省垣,访余于南屏,余亟问所谓二老阁者,故无恙,而其所藏书,半佚于四库采辑写本还真之日,后又不戒于火,虽有存焉者,仅矣。"民国初,郑性七世孙公议,将二老阁存书及版片卖于上海书贾,为沈氏抱经楼所得,后大多归北京图书馆。郑氏先人手稿卖归杨泰亨。剩残者为倪春如所得,焚于火。藏书印为马隅卿所得。1943年,二老阁被后人郑志远、郑怀玉、郑荣祖拆除变卖。至此,历时二百余年之著名藏书楼二老阁便散为云烟了。

（七）名流觞咏无虚日

叶炜（生卒年不详），字允光，号意亭，慈溪鸣鹤人。鸣鹤叶氏为宁波府有名的望族，家世富盛。除慈溪鸣鹤的白湖小隐山庄、白湖吟榭外，宁波府城内的月湖揽碧轩、枕湖吟社等都是叶府的产业。叶炜生有至性，以孝名乡里。嘉庆元年（1796）诏举孝廉方正，力辞不就。后由监生官刑部安徽司主事，以母老归养，不复出，行德乡里二十年。曾倡建祖庙、增置祀田，捐金四千多两修建白湖堤和杜湖碶闸。与兄叶燕、叶焕并以诗名，著有《扫叶山房诗稿》八卷。其诗清真潇洒，论者以为似白乐天。

叶炜生性喜欢书籍，不惜重金购买古书秘本，或从友人处借抄，收藏了数万卷书。《慈溪县志》"叶元墀传"里还说"先世藏书十余万卷"，可见藏书数量是相当可观的。其藏书楼为扫叶山房。

叶炜有二子，名叶元墀、叶元阶，亦具以诗名，又都是藏书家。长子叶元墀（生卒年不详），字绍兰，七岁能文，十三岁补弟子员，十七岁食饩于庠，三十五岁领乡荐，入赀官刑部主事，年仅三十六岁卒于京。叶元墀负才好诗，深得其伯父叶焕赏识，尚与其弟元阶倡诗社于宁波月湖之揽碧轩和慈溪白湖之小隐山庄，一时"名流觞咏无虚月"。其继承"先世藏书十余万卷，涉猎殆遍，初亦泛览，后乃锐意治经，孜孜不息"。

叶元阶（1804—1838），字心水，又号赤堇山人。"家富而性高雅，不染豪华习气，一意为诗。喜交游，爱名山水。游屐所至，与诸名士联袂赋诗，风流文采照耀一时。"只要是出游，一定会带上抄写的小吏，广搜近人的作品，甄别后抄录。其作诗纯从性情中出，必累日经旬，始得一稿，故诗作不多，有《赤堇山人诗集》等。叶元阶在宁波月湖之滨有别墅，曰枕湖吟舍。其时郡人厉志、陈仪、姚燮、孙家谷等常在枕湖吟舍集会，而外地挟艺游甬上者也必造访枕湖吟舍。

叶元阶富藏书，其藏书处曰得一居。今所知，丁氏善本书室藏有其所藏明刊《周易兼义九卷》及《略例》《音义》各一卷；莫伯骥五十万卷楼藏有其所藏《谢耳伯先生诗集》八卷。得一居还藏有黄宗羲《明文案》稿本。后其藏书多归朱鼎煦别宥斋，包括黄宗羲《明文案》稿本。

叶元阶藏书印有"赤堇山人""得一居珍藏""慈水叶氏得一居珍藏"等印。

图⑭ 叶元阶建陡塘桥

图⑮ 五桂楼

（八）不若楹书与子孙

积财与子孙，不若楹书与子孙。……贤而多财则损其志，愚而多财则益其过，赢金遗后，诚不若楹书教子为愈也。

这是五桂楼主人黄澄量对金钱、图书与教育关系的闪亮思想，其子孙也继承了他的思想。

黄澄量（生卒年不详），字式筌，号石泉，余姚人，诸生。幼好学，师事孙磐、诸重光。后宦游京都，垂老回乡。平生不置产业，喜藏书。清嘉庆十二年（1807）于梁弄建藏书楼，名五桂楼，又名七十二峰草堂，素有"浙东第二藏书楼"之称，仅次于天一阁。

五桂楼是一座坐北朝南的两层三开间楼房，楼顶成"众"字形，有暗阁防漏。一楼是楼主与朋友会文讲学之处；二楼不分间，分列着20个高2.2米、宽1.5米的大橱，用以藏书。楼四周筑有3米高的风火墙。庭院广可亩余，植有桂花树和柿子树，入秋丹桂飘香，环境古朴典雅。五桂楼名称之由来，是因为黄澄量的远祖兄弟五个在宋时因品行学识在当时很有名望，号称"五桂",黄澄量出于对他们的仰慕,就把藏书楼命名为"五桂楼",旧称进士登第为折桂,五桂是对五人同中进士的美称。宋王应麟《小学绀珠·氏族·五桂》有:"范君、致明、致虚、致祥、致厚,相继登第。有五桂堂。"匾额上所题"五桂楼"三个大字,是黄澄量的好友、知名学者胡芹所书。

黄澄量藏书达5万卷,部分藏书得自慈溪"二老阁",其中多为先贤黄宗羲旧藏,故为世所重。黄澄量藏书的目的,主要为嘉惠后人。他认为"积财与子孙,不若楹书与子孙"。1811年(嘉庆十六年),他在《五桂楼书目》中说:

> 今世藏书之家唯宁波天一阁为最久,其制橱门楼钥子孙分房掌之,非齐至不得开,禁以书下楼梯及私引亲友擅升,皆罚不与祭,故历久而书不零落。余既构楼三间以藏此书,益欲子姓守之,后世能读楹书,可登楼展视。或海内好事,愿窥秘册者,听偕登焉。尝见世之谋子孙者,求田问舍,计非不周至,然数传之后不免窭贫,重念籯金之教,此余藏书之本意也。嘉庆辛未春仲石泉识。黄氏经籍,子孙是教,鬻与假人,即为不孝。石泉又识。

黄澄量之子黄肇震在原藏书5万卷基础上,又增藏万余卷;其重孙黄安澜从1865年秋至1870年冬,历时5年,将五桂楼藏书按经史子集分类整理。1895年黄安澜刊印的《姚江黄氏五桂楼书目》共收书3641种、55006卷。

黄澄量编有《今文类体》《余姚书家传》《余姚画家传》《四通八达耆旧传》《四明记游抄》等。其中,仿黄宗羲《明文海》体例选辑明代各家文集而成的《今文类体》(不分卷,138册),汇录了明代400多家文集奏议,具有很高的史料价值。黄安澜致力于刻印五桂楼藏书中的精品,多为余姚先贤著述,如虞世南

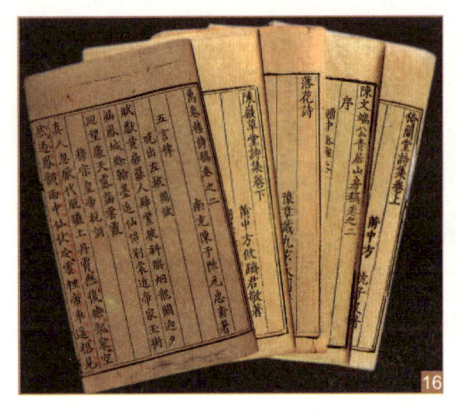 

的《北堂书抄》,赵𢡟谦的《六书本义》,以及黄宗羲的多种著述。特别是一些因政治原因未入选《四库全书》却藏于五桂楼的优秀著作,如黄宗羲的《明夷待访录》《思旧录》等,黄安澜都一一刊刻,现尚有部分木刻版藏于五桂楼。

五桂楼藏书,自黄安澜后,因社会动乱和疏于防范,开始散失。至新中国成立时,尚存书1.8万余册。1956年,提出7000余册交由浙江图书馆庋藏;1961年,又由省有关部门提取79种,约1400册,供有关研究人员查阅。五桂楼现仅存古籍9997册,其中特藏善本60部,计1503册,最早为明正德刻本,绝大多数为清康熙、乾隆及稍后时期的刻本。

五桂楼及其藏书,新中国成立后一直由余姚县文物管理委员会管理。县人民政府曾几次拨款对五桂楼进行修葺。1954年和1961年,两次对藏书进行全面的清点和整理,并编印目录。1981年,五桂楼被列为县级重点文物保护单位。1990年1月,又被列为浙江省重点文物保护单位。

图⑯ 黄澄量辑《今文类体》
图⑰ 五桂楼的藏书

【三】

学人收藏兼一身

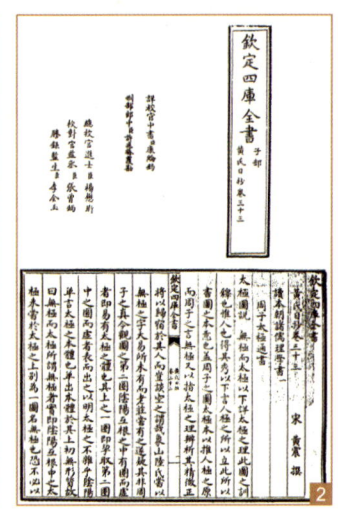

图① 黄震
图② 四库全书《黄氏日抄》

（一）何况区区一寓寮

会逢厄运丁九阳，渡江北骑惊飞涛。
行都庙社且涂地，何况区区一寓寮。
图书法物成敝屣，如醉如呓歌黍苗。

全祖望在《句余土音》用这首诗描述了黄震藏书的星散。

黄震（1213—1281），字东发，号文洁，学者称于越先生，慈溪人。宝祐四年（1256）进士，授迪功郎、吴县尉。咸淳三年（1267），擢国史馆检阅，参与修纂宁宗、理宗两朝《实录》。继因上疏建议停办僧道度牒（唐初开始通过度牒制度将僧道身份之合法确认权归于国家，实现对宗教组织成员的掌控），收回庙宇土地，以纾民力，触怒度宗，被贬官三级。次年出为广德军通判，禁淫祠恶俗甚严。咸淳六年（1270）因指责郡守不法而被免职。未几，改为绍兴府通判，有政绩。后历官提举江西常平仓司、江西提点刑狱、提举浙东常平茶盐、侍郎官等。为官清廉，自奉俭薄，激励贤善，修明文教。

黄震学宗程朱，但对道学也有不满和修正。把道解释为"大

图③ 慈溪古卧床桥

路",即"日用常行之理",而"非超出于人事之外,他有所谓高深之道也"。批评高谈"人心""道心"的人"多潜移于禅学而不自知"。四明自慈湖杨简倡导,知有陆学,而不知朱学。故四明朱学之兴,自黄震始。

　　黄震自幼好读书。在今之慈溪就有黄震"卧床读书"的传说。传言黄震幼时学习不佳,一次上学路过浦边小桥,卧桥上休息,其魂被桥神土地摄去,授之以书。后天天如此,学问大进。这个传说反映了黄震小时的苦读。其睡卧之桥称"卧床桥",《浙江通志》载:"卧床桥",为宋文洁先生黄震读书处。历经明清几次重修,至今尚存,为慈溪市重点文物保护单位。

　　黄震归里后居于定海灵诸乡泽山(今属慈溪)。闻性道《鄞县志》云:"自官归,常居于此,榜其门曰泽山行馆,其室曰归来之庐。嗣后迁徙无定居。"后先居鄞城之日湖,居处曰寓亭,藏书其中。著书讲学,自称"非圣人之书不观,无益之教不作"。著有《春秋集解》《礼记集解》《黄氏日抄》《古今纪要》等。元兵南下,避居杖锡、同谷,于是寓亭之图籍法物星散。延祐《四明志》云:"先生有别业,在日湖,德祐初,避地同谷,不复入城市中,图籍器物为人取去勿问也,日惟一食,仰天长歌,祈速死。"黄震寓亭藏书于是不存。

图④ 王应麟

（二）汲古传忠出大儒

四明累世之文献莫与伦也，而牙签之于王氏亦复并峙。

这是全祖望在《湖语》中对王应麟的评价。

王应麟（1223—1296），字伯厚，又字厚斋，号深宁，庆元府鄞县人。其先世居浚仪（今河南开封），至其曾祖王安道（曾任武经大夫、保信军承宣使）才于建炎之初随宋王朝南迁，定居鄞县。其祖父王晞亮，官至武经郎。其父王㧑，字谦父，为人耿直，"博洽多闻，善议辩"，长于著述，曾为官吏部郎中兼国史院编修、温州知府。王应麟自幼聪敏好学，九岁即通六经。他自称"性谨悫寡欲，介直少通，不苟流俗"。少时"以先君为师，伯仲自为友，闭门读书"。淳祐元年（1241）十九岁中进士，然不以进士及第为重，曾经说："现在考上的举人都沽名钓誉，只要有利益就什么都不顾，制度典故都漠不关心，这不是国家期望的学识渊博的儒者。"宝祐四年（1256）中博学鸿词科，学识过人。曾为官西安主簿、礼部尚书兼给事中、台州通判、秘书少监、秘书监等职。南宋亡后，"杜门不出，朝夕坐堂上，取经史诸书，讲解论辩"（《王

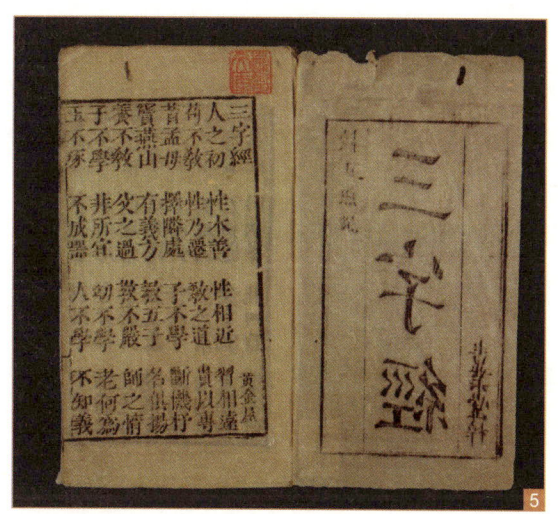

图⑤ 《三字经》

深宁年谱》),过了二十年的著述生活,直到终老。一生著作极为宏富,经史子集之类凡三十七部,六百余卷,其博学多闻,在有宋一代"罕有伦比",成为大儒。其《因学纪闻》《玉海》《通鉴问鉴》均为力作,有较高的学术价值。其所著《三字经》,为我国长期沿用的蒙学读物,20世纪80年代被联合国教科文组织列为世界性启蒙教材。

王应麟藏书处曰汲古堂,源于其父王㧑。王㧑幼学于里师楼昉,为文深淳。壮岁试词学科,不中。乃誓言:"它日必令二子业有成。"后于嘉定癸未登进士第。同年余天锡参知政事嘱其教子,不受束脩(捆成一捆的干肉,是古时学生送给教师的报酬)而易以借书。其曰:"吾儿习词学,乡里无完书,愿从公求尺牍,往借周公益、傅内翰、晋阳三洪公暨往昔习词学者凡二十余家所藏书。"后二子俱中博学鸿词科,因其善教子,理宗特御书"汲古传忠""竹林"赐之,遂以"汲古"名其堂。

王应麟尤好书。他中博学鸿词科以后,多在朝廷任文官,长期在秘书监担任图书整理、撰编著作之职。咸淳七年(1271)晋升为秘书监,主管南宋王朝图书、著作工作,这为他藏书提供了便利条件。他每入秘府,就在袖子里藏本小册子,只要见到典籍遗文,就用笔记录,再藏到袖中带出,王应麟应该有许多抄本。

王应麟之次子王昌世（1268—1327），字昭甫，号静学居士。始恩补承务郎，未及录而宋社已墟。昌世听受其父讲经论辩不倦。王昌世搜辑考订其文著述，对王应麟有很大帮助。先蓄书万余卷，毁于火。苦志露抄雪纂，至忘寝食，书以复完。精神实在可嘉。昌世性情温厚，静以处变。有人盗伐古墓，禁伐无效后，王昌世就捐了一笔钱给盗伐者以塞其欲。又有人因偷他的东西被捕，昌世对小偷说：你也是因为饥饿而这样，我不忍将你绳之以法。最后放了小偷。有文集《静学稿》藏于家。

王氏子孙后代有许多都很有出息。王昌世之子王厚孙、王宁孙能继其志，校雠其祖应麟所著《深宁集》等书，锓梓《玉海》等书，使其得以传世。王氏藏书也历三代而不散。

图⑥ 袁桷

（三）国朝以来甲浙东

袁伯长学士，承祖父之业，广蓄书卷，国朝以来甲于浙东。

这是孔克齐在《至正直记》卷二中记载的对于浙东元代藏书家袁桷的评价。

全祖望《湖语》曰："南湖藏书，前王后袁。"前王指王应麟，后袁即指袁桷。袁桷家境殷实，藏书丰富。南宋末年社会动荡，名士戴表元、王应麟、胡三省都曾馆于袁家，受到袁家的资助。

袁桷（1266—1327），字伯长，号清容居士，鄞县人。南宋越国公袁韶之曾孙。二十多岁时被授予丽泽书院山长，没有上任。大德初荐为翰林国史院检阅官，升应奉翰林文字，兼国史院编修官。迁集贤直学士、翰林侍讲学士，积阶奉议大夫。泰定初，辞归。死后谥号文清。袁桷出身富贵，为学清苦，拜王应麟为师，学问扎实而精深，熟习掌故，精于考据。著有《易学》《春秋说》《延祐四明志》《清容居士集》等。

1289年袁桷24岁时，杨镇龙起事，袁氏家族逃难，家中藏书多被焚毁，剩下的书因藏于山中才幸免于难。《袁氏救书目序》载:"庶几幸有一存之于里,遂悉藏于山中。己丑之灾,偕家人渡江以逃,袁氏之书一夕而尽,昔之预计者乃幸而获全。"

袁氏藏书渊源有自。袁桷曾祖袁韶即"喜藏书"。祖父袁似道聚书至数万卷,到了袁桷这一代收藏更多,成为藏书大家,并编有新旧书目。在自撰《袁氏旧书目序》中对藏书更有明白的说明。文曰:

> 袁氏旧书目者,自袁氏旧书存于今者也。始曾大父越公举世进士,时贫不能得书,书多手抄强记。后官中都凡二十有五年,乃务置书以偿宿昔所志。其世所未有则从中秘及故家传录以归,于是书始备矣。旧书之传,距于今四世矣。

《袁氏新书目序》中又说:

> 余少读书有五失焉,雅观而无择,滥阅而少思。其失也博而寡要;考古人之言行,意常退缩不敢望,其失也懦而无立;纂录史籍之故实,一未终而屡更端,其失也劳而无成;闻人之长唯恐不及将疾趋从之辄出其后,其失也欲速而过高;好学为文,未能蓄其本……失之甚者也。其年夏……大人过故都,复购遗阙,箧载以归,意者斯文之富将过乎昔。而余又思旁搜远录,俾夫昔日之藏矣。

俗话说,富不过三代,到袁桷时,袁家已繁荣了四代。袁氏祖上出了多位重臣,尤其是曾祖袁韶,在宋朝官位显赫。关于袁氏藏书之散,孔克齐的《至正直记》中有记载说袁桷死后,子孙不肖,藏书都被仆人偷走,转卖他人,有过半是被妾婢毁掉的,一些名画旧刻,也都被贱卖。

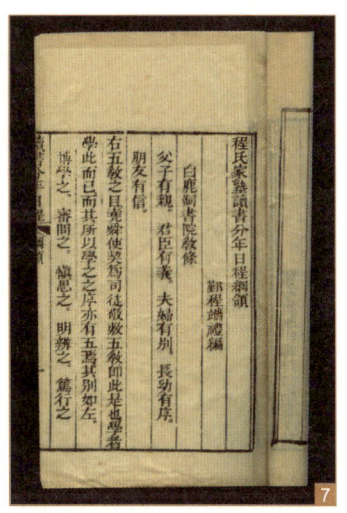

（四）读书分年须有序

宁波历来重视教育，有不少原创蒙学读物。程端礼《读书分年日程》便是其中之一。

程端礼（1271—1345），字敬叔，号畏斋，鄞县人。幼颖悟，十五岁能记诵六经。历建平、建德两县教谕，稼轩、江东两书院山长，铅山州教谕。以将仕郎台州路教授致仕。归里后，郡守王元恭礼请为学者师。程氏终身从事教育，深化了朱学教育理论。他编著的《读书分年日程》构筑了完整的理学教育内容与计划，对当时的教育产生了很大影响。元代国子监将此书奉为郡邑官学的样本。即便到了明初，仍被读书人奉为准绳。

程端礼藏书在万卷以上。黄溍《将仕佐郎台州路儒学教授致仕程先生墓志铭》载："买书万卷，覆以杰阁。"在元代，程端礼也算一位藏书大家了。

程端礼的《读书分年日程》尚值得多说几句。《元史》称之为"读书工程"的《读书分年日程》，是程端礼在江东书院写下的。程氏为什么要制定这个《读书分年日程》？首先，元代教育虽不发达，但书院如雨后春笋，书院里往往是"萃生徒于一堂，昼有讲，夜有读；请业讲益，订期角艺，无风雨晦明之间，有赏奇析疑之乐"。为了在书院里倡导一种务实的学风，程氏觉得有必要制定一整套系统的读书计划供人们使用。其次，程氏发现许多书院、学校学子学文背文，模仿应试文章，结果则是"失序无本，欲速不达"。他认为教育应有一整套程序和计划，使学有目标，教有规范，循序渐进，持之以恒，日积月累，登堂入室，读书、应试两不误。

《读书分年日程》以朱熹"白鹿洞书院教条"为总纲，遵照朱熹的"为学之道，莫先于穷理，而穷理之要，必在于读书"，具体规定了一整套私塾教学程序和计划。所谓"分年"，就是将学子分为三个学习阶段，八岁前为启蒙阶段；八至十五岁为上学阶段；十五至二十三四岁为成人教育阶段。所谓"日程"，就是指每日每周的具体学习计划，它将每天分为早、晚、白天三个单元，将数日划为一周。如读经每四日为一周，其中三天读经书，一天练字；读史每五日为一周，其中三天读史，两天温习经、传、注；读文每六日为一周，其中三天看文，两天温习经、传、注，一日温习史；作业十日为一周，九天读书，一日作文。如此一周周循环往复，每读一书，按单元、日、周一一登记，逐项检查。

学习内容也有规定，启蒙阶段为《性理字训》《童子须知》；上学阶段依次为《小学》《四书》《孝经》《大学》《论语》《孟子》《六经》《春秋》；成教则依次为《四书章句集注》《资治通鉴》《通鉴纲目》《史记》《汉书》《唐书》《唐鉴》等。二十岁以后集中两三年时间学习作文章。

程氏《读书分年日程》的根本指导思想是朱熹的"宽着期限，紧着课程"，十分强调循序渐进的原则，它是宋元之际理学家在教育上的成功典范。其影响深远，如元代国子监曾将此书颁行给郡邑学校，还影响明清两代的官学和私学。程氏《读书分年日程》可视为元、明、清三代学校教育中一个影响巨大的教育文本。

（五）勤把诗书向窗读

　　草堂坐在陵南谷，勤把诗书向窗读。
　　学门长掩寂无人，惟有白云相伴宿。
　　昨日溪头罢钓归，花笑莺啼芳草绿。
　　猿鹤嘹嘹哀怨啼，萧瑟自理山家曲。

　　这是方孝孺的《草堂歌》，是对其小时读书处陵南草堂的美好回忆。

　　方孝孺（1357—1402），字希直，一字希古，自号逊志，尝号缑城生，人称"缑城先生"。祖上原籍浙江桐庐，宋初时迁入宁海缑城，至方孝孺时已是十五世。方自幼聪慧过人且喜读书，6岁能作诗。10岁后，整日足不出户学习，理趣会心，神融意畅时即使外面风雨大作也没发觉。邻居见他如此痴迷学业，以为他很迂腐，就连与他联姻的人家也这么认为。乡人因其善属文，故又呼为"小韩子"。18岁时，即写出了洋洋数千言的《深虑论》（10篇）和《释统》（3篇）等史论文章，谈古论今，纵横捭阖，且行文严谨，章法巧妙，为时人所惊。20岁受业于明初著名学者

图⑨ 方孝孺手植柏

宋濂,为宋所重,宋濂曾说:方孝孺的才学,只要假以时日,一定能让我震惊。自从我们与他在文艺场上角逐,就已经分不出谁是学生谁是老师了。明初学者苏平仲也认为方孝孺年轻善文,在同门中无人能及。只要是宋濂的朋友,都对他赞赏有加。

洪武十六年(1383),因东阁大学士吴沉、揭枢推荐,朱元璋召见了方孝孺,对孙子朱允炆说:方孝孺是端正之士,一定要让他辅佐你。又说:是个异人,我不能用,留给子孙用于辅佐太平也够了。洪武二十二年(1389)又被召见。两次均未被重用。后被蜀王朱椿(太祖第十一子)聘为世子师,曾说"阅士孔多,我敬希直",且赐名其书斋为"正学"。故人又称方孝孺为"正学先生"。

明洪武三十一年(1398),明太祖病逝,朱允炆继位,年号建文。建文帝遵太祖"必先召孝孺"之遗命,召回孝孺。方先后任侍讲学士、文学博士等职,担任《太祖实录》《类要》总裁,主持京试。建文帝为人仁厚,方孝孺提倡仁政,重礼仪,主教化,正合建文帝意。经过一系列的变革,卓有成效,有"四年宽政解严霜"之誉。《明书》作者傅维麟曾曰:"建文中,法网疏阔……一时士风朴茂,尚义者多。"后朱棣起兵,其谋士姚广孝曰:"南方有方孝孺,素有学行,城下之日,彼必不降,幸勿杀之。杀之则天下读

图⑩ 石镜精舍

书种子绝矣。"后方孝孺还是被杀,且被灭十族。经过三次抄捕,家族中被杀873人,充军流放者数千人。方孝孺故里溪上方村被夷为平地。悲哉!

溪上方村被夷为平地后,方孝孺小时候读书处陵南草堂也随之被毁。现此处环境极为幽寂,杂草丛生,荆棘遍地,遥想当年方孝孺在此筑居,经日诵书,历时数载,如今什么也不复存在,荒草萋萋,人事不再,不觉怅然。

方孝孺的另一读书、藏书之处为石镜精舍。方孝孺的老师为开明代藏书风气的宋濂,宋濂建在深山密林中的青萝山房,藏书万卷,屡经战乱而安全无恙。方孝孺曾在青萝山房读书,青萝山房的丰富藏书给他留下了极深的印象,使他也极力访求收藏图书。明洪武十八年(1385)和二十二年(1389),方孝孺两次到宁海前童村讲学,设馆舍于石镜山下,因名之曰石镜精舍。据王重光先生《方孝孺讲学处》一文介绍,石镜精舍曾收藏有数千卷藏书和方氏的大量手稿。其时,不仅方孝孺在此挑灯夜读,著书立说,而且《明史》上有载的许多人物都曾聚集于此,受教于方孝孺。方氏传世的《逊志斋集》大部分篇章均由当年石镜精舍的学生们偷藏下来,续补成卷。现石镜精舍早成废墟,残存仅卵石、矮墙和门槛而已。在距石镜精舍不远的山冈上立有"方孝孺讲学处"纪念碑。方孝孺手植之六株古柏尚存，枝若苍龙，奋爪凌空，根似蟒蛇，盘缠交错，呈现一派碧翠妍秀、庄严肃穆的景象。书院为私人或官府设立的供人读书、讲学的处所。这也注定了书院与书有着密不可分的关系。在汉代，"精舍""精庐"为聚集生徒、私家讲学之所。到了唐代，随着印刷术的发展，书籍逐渐增多，于是建造了院子来安置藏书，"书院"便有了藏书楼的意义。南宋时，宁波的书院多是文人讲学之所，众多生徒在书院接受学术教育，可见书院推动了古代学术研究的发展，使文人雅士聚集一处，著书立说。

图⑪ 屠隆

（六）仪部辰州楼毗连

仪部（屠隆）居甬江之滨，常苦岑寂，辰州（屠本畯）于家之偏，购采芝堂数楹所赠之。辰州居东，仪部居西。楼头毗连处开一牖。辰州下笔时有疑难，每呼仪部相质。

这是《屠氏先世见闻录》卷一记述的关于屠隆与屠本畯毗邻相居、诗书唱和、互相商榷的雅事。

屠隆（1542—1605），字长卿，一字纬真，号赤水、由拳山人、蓬莱仙客、鸿苞居士，著名的诗人、戏曲作家，鄞县人。屠隆自小才思敏捷、勤奋好学，遍读群书。早年以才华超群闻名甬上，邑人屠大山、张时彻为之传播声誉。1557年中进士，曾任颖上、青浦知县。屠隆空闲之时，常召集名士同游名胜，一起饮酒赋诗。其为人不拘小节，自称"仙令"，且不废吏治。以治行高等，升礼部主事，历至郎中。到京后更加好客，纵情诗酒，西宁侯宋世恩慕其为人，宴游甚欢。刑部主事俞业卿挟私弹劾，屠隆被指"淫纵"而罢职，昂首归乡。屠隆定居鄞县，以卖文为生，醉心于词曲创作。屠隆在文学上造诣甚多，擅长作诗，为文坛"末五

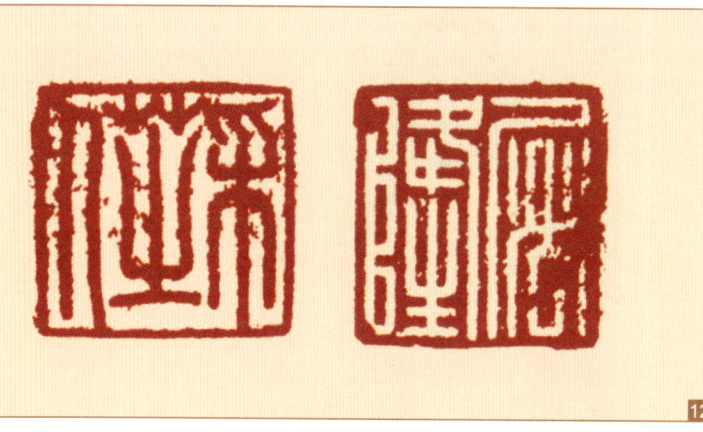

屠隆印

图⑫ 印文右起为：屠隆 采芝人

子"之一；又精于书画，功力深厚，认为写画要有"意趣""画意"。一生著述丰富，有《白榆集》《由拳集》《鸿苞集》《昙花记》《修文记》《彩毫记》《娑罗园集》《考槃余集》等。

屠隆自万历十二年（1584）被削籍，第二年归鄞城江北王家汇。有破屋三间，稍加修葺，命名为"栖真馆"。又建造了"凫园""飞仙馆"，来源于"凫园栖真"。万历十六年，从阿育王寺移娑罗树一株，植之栖真馆前，名之娑罗馆，自号娑罗居士，藏书其中。因屠隆读书破万卷，经史百家、稗官杂谈、佛典、道藏，无书不读，藏书较广。而他精于论诗、论文、论画，擅于词曲，故所藏又以戏曲、诗文、书画为特色。藏书印有"飞仙阁""古娑罗馆珍藏"等。

屠隆刻书多种，现知有《董西厢》《唐诗品汇》《竹箭编》《明月编》《春秋繁露》等。屠隆还曾辑刊《汉魏丛书》，今已不存。

屠本畯，字绍颺，一字田叔，号汉陂，又号幽叟、憨先生、憨憨子、憨憎居士、乖龙丈人、无盖庵头陀、羲皇上人、酉阳内史、欣子等，鄞县人。系屠隆之族孙，屠大山之子。屠大山（1500—1579），字国望，号竹墟。嘉靖二年（1523）进士。累官至川湖总督。曾镇压龙河仔起事。后改授南京兵部侍郎、巡抚应天、提督军务。与倭寇战，失利，被黜为民。罢归后，与里中故人纵饮为

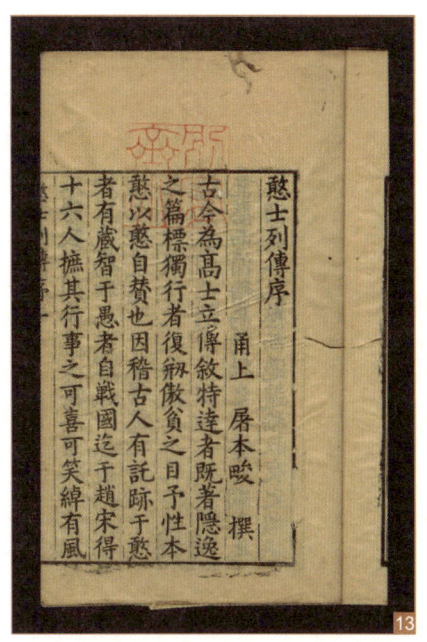

图⑬ 屠本畯《憨士列传》

诗,诗虽不工而有神来之笔。屠本畯以父荫授刑部检校,迁太常典簿。后出为两淮运同,迁辰州知府,万历二十九年(1601)免职返家里居。喜读书,至老不倦。为人旷达,尝起生圹于乡,自撰行状,称憨先生。有《太常典录》《田叔诗草》。

屠本畯归里后扩建掌园,又购西邻采芝堂与屠隆居。自此,东西两头相毗连,日夕推窗相问。

祖孙两代如此居家读书著述,交往切磋诗文,好不令人羡慕。屠本畯的霞爽阁就在其中。霞爽阁藏书情况不详,但按屠本畯"喜读书,至老不倦"而言,及他在《演读书十六观·序》中所写"夫书患不能观耳,观则万卷非多",加之经济条件许可,其藏书量必定是不少的。

这里顺便说一下屠本畯的《演读书十六观》。明末学者陈继儒(1558—1639),字仲醇,号眉公,松江华亭人,博闻强记,工诗善文,杜门著述,是当时有名的隐士。他喜爱读书,曾说:"吾读未书,如得良友;读已见书,如逢故人。"又说:"乃于竹窗之下,抽忆旧闻,纂《读书十六观》,盖浮屠之修净土有《十六观经》,而

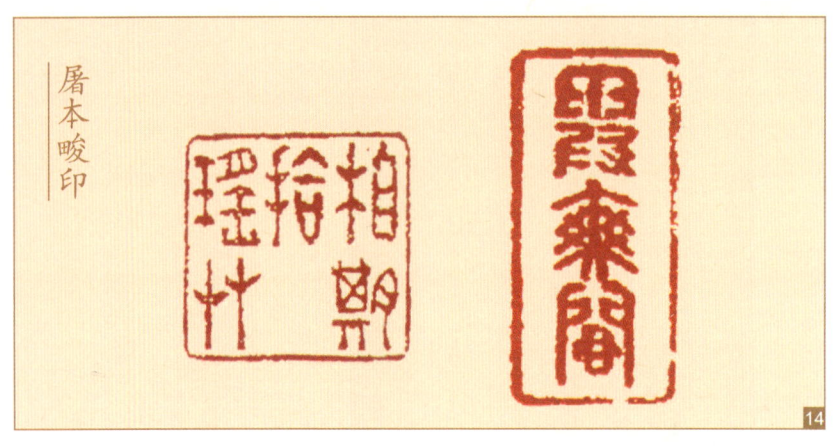

图⑭ 印文右起为：霞爽阁 相期拾瑶草 屠本畯印

观止矣。"(《读书十六观序》)陈继儒收录古人读书掌故、读书心得十六则，如苏轼的"八面受敌法"、苏舜钦的读《汉书》以酒为佐，每至会心处则"满饮一大白"等故事，都是中国读书史上的美谈，陈继儒借以倡导先贤读书的乐趣和方法。书名"十六观"，乃佛教用语，有给读者指示通往读书乐园门径的意思。《读书十六观》问世后，屠本畯为之续补，作《演读书十六观》，辑录古代名人读书十六条，如"过名山如读异书，倦则数行，健则千里"、"读书须养得心事帖帖地安稳快乐，以我为主，书为役，方有入处"、"观天下书未遍，不得妄下雌黄"、"独学无友，则孤陋寡闻"、"每读书得一事，则书一封皮，后批门类，授史传录"等等，以为"读书者观此"，是可以好好想一想的。《演读书十六观》也是屠本畯丰藏书、好读书，深有体会而得出的结论。后明末著名诗人吴与箕将陈继儒《读书十六观》与屠本畯《演读书十六观》续增为《读书止观录》。

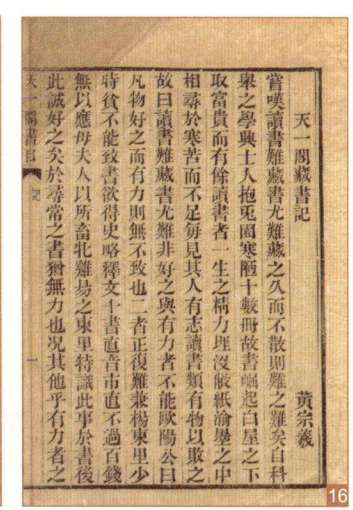

图⑮ 黄宗羲
图⑯ 《天一阁藏书记》

（七）藏书尤难数续抄

> 愤科举之学，思所以变之。既尽发家藏书读之，则抄之同里世学楼钮氏、澹生堂祁氏；南中则千顷堂黄氏，吴中则绛云楼钱氏。穷年搜讨，游屐所至，遍历通衢委巷，搜剔古书。薄暮一童肩负而返，乘夜丹铅。次日复出，率以为常。

这是全祖望在《梨洲先生神道碑》中对作为读书人黄宗羲生活的真实描写。

黄宗羲（1610—1695），字太冲，号梨洲，又号南雷，浙江余姚人。黄氏为明末清初的思想家、史学家，也是大文献家、藏书家。其"于书无所不窥者"。黄宗羲一生足迹所至，无不访书、抄书、购书、读书，这从其所撰《天一阁藏书记》中可见一斑。今不嫌烦琐，移录片断如下：

> 崇祯庚午（1630）间，其（指钮石溪）书初散，余仅从故书铺得十余部而已。辛巳（1641），余在南中，闻焦氏欲卖，急往询之，不受奇零之值，二千金方得为售主。时冯邺

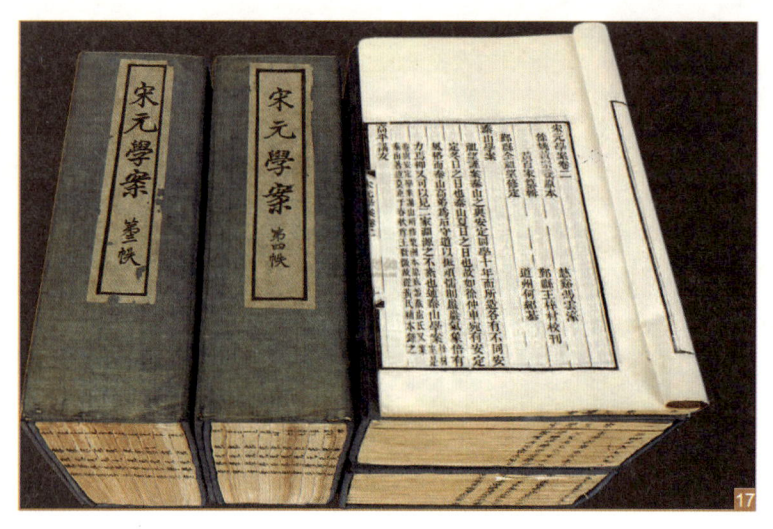

仙官南纳言,余以为书归邺仙犹归我也。邺仙大喜,及于归而不果,后来闻亦散去。庚寅(1650)三月,余访钱牧斋,馆于绛云楼下,因得翻其书籍,凡余之所欲见者,无不在焉。牧斋约余为读书伴侣,闭关三年,余喜过望。方欲践约,而绛云一炬,收归东壁矣。歙县郑氏丛桂堂,亦藏书家也。辛丑(1661),在武林捃拾程雪楼、马石田集数部,其余都不可问。甲辰(1664),馆语溪,携李高氏以书求售二千余,大略皆抄本也。余劝吴孟举收之。余在语溪三年,阅之殆遍,此书故他乡寒故也。……祁氏旷园之书,初庋家中,不甚发视。余每借观,惟德公知其首尾,按目录而取之,俄顷即得,乱后,迁至化鹿寺,往往散见市肆。丙午(1666),余与书贾入山翻阅三昼夜,余载十捆而出。……吾邑孙月峰亦称藏书而无异本,后归硕肤。丙戌之乱,为火所尽。余从邻家得其残缺实录三分之一耳。

到了晚年,则"益好聚书,所抄自鄞之天一阁范氏、歙之丛桂堂郑氏、禾中倦圃曹氏,最后则吴之传是楼徐氏。"(黄百家《续抄堂书目序》)由于黄宗羲的旁搜遍采,其家所藏"书不可谓不富","野史遗集,绝学奇绝,殆不胜纪"。特别是宋元文集极多,

图⑰ 《宋元学案》

而明文集约五六千本,尤以薛居《旧五代史》为珍贵,号为"天壤间罕遇者"。其藏书处名续抄堂,藏书总量约在10万卷以上。

黄宗羲访书、藏书的实践活动,使他对藏书活动有了深刻的认识,发出了"读书难,藏书尤难,藏之久而不散,则难之难矣"的惊世之叹。这三层意思,黄宗羲在《天一阁藏书记》中作了充分的阐述,引起了大藏书家的共鸣。而其书在其身后的遭际也证明了黄宗羲惊世之叹的无奈。据其子黄百家在《续抄堂书目》中的记载,丙戌之乱时,黄家将藏书迁移到中村,被山兵夺走,不多久,又将所剩之书迁到家里,戊子年又把书从西园迁到双瀑,其间,有些被村妇樵夫偷去盖酱缸,没有办法又将书迁到西园。庚寅年冬又迁老柳。己亥年秋从老柳迁到老虎山堂放了三年。壬寅,老虎山堂起火,抢救后仍有大量书籍零落散失。后来,又相继迁到老柳、兰溪,不到一年又迁回家中续抄堂。其间,藏书经历了鼠啮和梅雨潮气以及兵火之灾,剩下的还不到四五成。经历了水灾、火灾后的藏书后归浙东又一藏书名楼——郑氏二老阁。

黄炳垕(1815—1893),字慰廷,号蔚亭,晚号孑翁,余姚人,黄宗羲七世孙。黄氏世居余姚黄竹浦,黄宗羲曾孙黄武万迁至县城西北官加弄。黄炳垕生于此。黄炳垕为诸生,好天文历算,

图 18 黄炳垕

以黄宗羲《西历假如》诸书为宗，参以《历象考成》，晨夕推测，学问大进。同治初（1862），左宗棠抚浙，奉命饬沿海州县测绘经纬舆图，余姚知县陶云升将测绘县境图事交黄炳垕，黄半年告成，上报行省，众人服其办事效率高。十年会试不第，遂闭门著述。李文田视学江西、朱悠然视学四川，均聘其襄助，皆固辞。巡抚梅启照于杭州立算学，三致书聘请，亦力辞。后应宁波辨志精舍之聘，教授天算课，时达十载，明越两州士子，多得其指授，创浙东算学之盛。光绪十年（1884），中法战争爆发，朝廷颁炳垕所著《测地志要》于诸道统帅。光绪十四年秋，因荐赏内阁中书衔。同年，续修《会典》，命直隶省测绘《鸟里开方图》（似今之鸟瞰图），虽年老，仍应巡抚崧骏聘，费时逾月，赴杭参定条例。其历算方面著作除《测地志要》外，尚有《交食捷算》《麟史历准》《方平仪象》《历学南针》《两太捷算》《五纬捷算》等。

黄炳垕才气奔逸，"作诗古文宗唐宋大家"，"下笔为百韵"。著有《黄忠端公年谱》《黄梨洲公年谱》《诵芬诗略》《黄梨洲公事实咏》《黄氏世德传赞》《黄氏续录》《黄氏三世诗》《稀龄祝雅》《耋龄酬唱》。未刊稿有《焚余偶存草》《竹浦草》《蔚亭杂草》《燹余存稿》。

黄炳垕家徒四壁，数十年来靠授课所得的礼金维持一家生活,致力于图籍收藏和刻印。其藏书楼曰留书种阁,阁在今余姚城管家弄100号黄家墙门。"阁凡三层,上层为观象楼",内"设星亮台,卧床对空,用玻璃设窗,直透天象,床用摇板放下,若坑几状"。二楼为藏书处,上悬"留书种阁匾",取黄宗羲楹贴"留天下读书种"之意。黄炳垕在《八旬自述百韵》中"书种跂庭坚"名下注云:"先梨洲公楹贴云:'留天下读书种,用山谷语也。'"黄炳垕有诗述其在留书种阁怡然自得的心情,诗曰:"观象高楼月正明,从今有暇倚前楹。抗心撰述千钧系,撒手功名一叶轻。晤对古人书万卷,测量天度夜三更。侨生幸享清平福,珍重西山夕照横。"其藏书当在万卷以上。留书种阁还刻有《留书种阁集》,为独撰类丛书,所收皆为黄炳垕自撰之书。

留书种阁有其自身特色,它既可用来观察天象,又可以用来刻书、藏书、读书,还可以作为和亲朋好友切磋学问的场所,瞻仰先贤黄宗羲,是一座综合性的藏书楼。其藏书也非常有特色,一是多天文、历法、算术、测绘类书籍;二是多黄宗羲及浙东学派著作;三是多黄氏世德和谱牒类著作。留书种阁在"百年以来,浙东藏书零落殆尽"的情况下,抢救、整理、保存了一批以黄宗羲为核心的文献,实现了黄宗羲留天下读书种的愿望。

留书种阁直到20世纪50年代尚存,而1956年8月的一次大台风使留书种阁不幸倒塌,阁内藏书大部分为黄氏后裔收取后逐渐散失,有小部分被余姚梨洲文献馆收藏。如今人们只能在余姚城管家弄100号黄家墙门凭吊其遗址了。

（八）一时无伦寒松斋

  吾存宁可食无肉，吾亡宁可发无椁。子子孙孙永无鬻，熟此直可供饘粥。

  这是万斯同藏书长印的印文。
  从前有一个顽皮的孩子，由于贪玩，在宾客们面前丢了面子，从而遭到了宾客们的批评。小孩恼怒之下，掀翻了宾客们的桌子，被父亲关到了书屋里。小孩从生气、厌恶读书，到闭门思过，并从《茶经》中受到启发，开始用心读书。转眼一年多过去了，小孩在书屋中读了很多书，父亲原谅了儿子，而小孩也明白了父亲的良苦用心。此人经过长期的勤学苦读，终于成为一位遍览群书、通晓历史的著名学者，并参与了"二十四史"之《明史》的编修工作。这就是著名的"万斯同读书"的故事。
  万斯同（1638—1702），字季野，号石园，自署布衣万斯同，门人私谥贞文，浙江鄞县人，著名史学家、藏书家。父万泰，生八子，世称万氏八龙。万斯同为八子，系八龙之尾。幼聪颖，性强记，经史诸书，能无师自通。顺治十六年（1659）从黄宗羲游，得

图㉒ 万斯同故居

闻蕺山刘宗周学,称高第,尤邃于史学。康熙十七年(1678)诏举博学鸿儒,力辞得免。次年开局修《明史》,以布衣参史局。著书数十种,主要有《儒林宗派》八卷、《读礼通考》九十卷、《周正汇考》八卷、《群书疑辨》十二卷、《石经考》二卷、《石鼓文考》二卷、《补历代史表》六十卷、《河渠考》十二卷《历代宰辅考》八卷、《石园诗文集》二十卷等。《石园诗文集》原以抄本流传,近人张寿镛始刻入《四明丛书》,泽播士林。

万斯同先世即有藏书。十四五岁的时候,万斯同就遍读家里的藏书,皆能得其大意。请业于黄宗羲后,博览群书。及长游四方,辄就故家耆老求遗书,考问往事,旁及群志、邑乘、杂家、志传之文,靡不网罗参伍。其藏书极富,仅仅其携往京都以供纂修《明史》之用的就有"凡数十万卷",真所谓"蓄书亦富,一时无伦"。恐怕在浙东藏书史上也是首屈一指的大藏书家了。

他爱藏书甚至超过自己的生命。可惜的是万斯同死的时候,身边没有亲属,翰林钱名世因是他弟子,就为他穿孝服居丧,而

后拿走了他的书,此事被旁人所诟病。其子万世标也说:父亲死于使馆,遗书都被钱名世取去,没有寄回家一本好书。据笔者理解,好书尽为钱取去,但也有些普通之书寄回家。寄回家的,加上原先留在甬地的,为数恐怕仍不少,但"守者不知宝惜,今所存者寥寥"。

其藏书处曰寒松斋,故址在今宁波市海曙区广济街。

此外,万斯同的侄子万言和万经也是有名的藏书家。万言(1637—1705),字贞一,号管村,万斯年子。少与诸叔受业于黄宗羲,为高第,以古文名当世。黄宗羲称其文"能模震川之古淡,而加以剡源之色泽"。由副榜贡生与修《明史》,独成《崇祯长编》。万经(1659—1741),字授一,号九沙,万斯大之子。少随诸叔及兄万言读书,黄宗羲先生讲学,侍席末与闻其教。及长,传叔父及兄之学,成万氏经学和史学。康熙四十二年(1703)进士,授编修,历官贵州学政。工书法,著有《分隶偶存》。晚年与修《宁波府志》。万经退归著述,晚年家遭大火,书物靡有剩遗。先人书稿及家藏无数秘抄之本皆成灰尘。自认负罪先人,伤痛不已,眠食俱减,逾年而卒。

此外,白云庄作为甬上证人书院最重要的讲学之地,也是藏有图书的。白云庄原为明户部主事万泰的别业。清初,宁波

图 23 万言

有青年学子万斯大等组成的"文业会"和陈芝紫等组成的"澹园社"。康熙四年（1665），他们共同组成了"策论之会"。康熙六年五月，黄宗羲首次来甬讲学，"策论之会"改名为"证人之会"。同年又改为"讲经会"。康熙七年，黄宗羲再次来甬讲学，创"甬上证人书院"。

甬上证人书院会讲地点不一，曾在城内广济桥高氏祠、延庆寺、城西白云庄、黄过草堂（张氏宗祠）、陈夔献家等处会讲。而白云庄则是黄宗羲讲学时间最长且较稳定的场所，成为浙东学术的重地，是浙东学术文化的象征。

白云庄藏书有万承勋的《白云庄岁暮杂诗》为证，中有"阀阅作为戎马场，依栖丙舍耐荒凉；不因窄狭无安顿，针线图书共一房"。可见其时万氏家族虽然经济状况不容乐观，居住条件也差，但藏书还是不能少的。也正因为藏书，才成就了万氏一门。

图㉔ 甬上证人书院

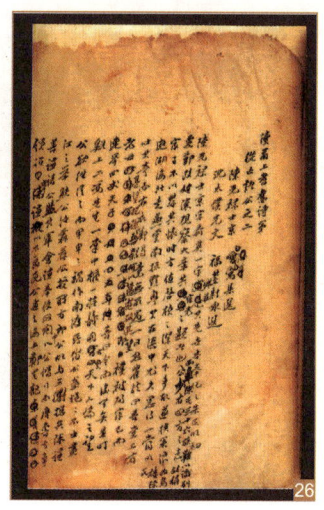

图25 全祖望
图26 全祖望辑《续甬上耆旧诗》手稿

（九）藏书不读令寂寞

藏书不择书，糠秕混精凿。
藏书不读书，庋置令寂寞。
读之或不善，丧志空作恶。

这是全祖望在他的《西江书屋》诗中对于藏书的态度，而他确实是一位藏以致用的人。

全祖望（1705—1755），字绍衣，号谢山，宁波鄞县人。乾隆丙辰（1736）进士，不与鸿博试，散官以知县用，遂不复出。家居后，修黄宗羲《宋元学案》，校《水经注》，续选《甬上耆旧诗》，所撰有《丙辰公车征士小录》《汉书地理志稽疑》《经史问答》《鲒埼亭集》《句余土音》《三笺困学纪闻》等。全祖望之名世，主要是在史学方面的卓越成就。同时，他也是清代前期浙江藏书家中的重要一家。

甬上全氏乃诗礼传家，素以藏书闻名。据全祖望《双韭山房藏书记》记载，其六世祖侍郎公全元立时已收藏图书，藏书大半抄之城西万卷楼，又有部分是侍郎公当值永陵讲筵时的赐

图㉗ 全祖望著作

书,被称为阿育山房藏本。侍郎公去世后,书卷法物多归长子宗人公之手,全祖望的五世祖和州公全少微仅得十分之一。宗人公之后,其子孙"以遗书为故纸,权其斤两而卖之","遂荡然无一存者"。其高伯祖宫詹公全天叙平淡斋也多藏书,由于子孙均分,复难聚集。而和州公全少微春云轩藏书,一传至全祖望高祖应山公全天授,再传至全祖望曾祖父全大和、全大程之手,日积月累,"几复阿育山房之旧"。其时恰逢明清交替之际,社会动乱,全氏家人避难山中,藏书被乱兵所焚。国难稍定,全祖望祖父赠公全吾骐授徒山中,以"束脩"购书,对于其力未能购者,则手抄之。全祖望的父亲全书、仲父全馥年少之时均以抄书为练字,全祖望少年时也曾受命抄书。由于深受祖辈影响,据严可均《全绍衣传》记载,全祖望生性喜欢藏书,弱冠之年,登范氏天一阁,谢氏天赐阁,陈氏云在楼,遇到珍本书就借抄,入都做官期间依旧抄书,在致仕回乡后,重登天一阁,借抄不辍。经过祖孙三代的努力,至全祖望时,藏书达五万卷。全氏祖先原有藏书楼曰"双韭山房",早毁。祖望之祖父复以此名其书楼,至祖望时仍用其名。

作为藏书家的全祖望,不是那种"仅以夸博物,示多藏"的为藏而藏的人,而是致力于"藏以致用"。作为黄宗羲先生的私淑弟

图28 全祖望故居

子,他的藏书思想与黄宗羲在《天一阁藏书记》中表述的一脉相承,他特别赞赏黄宗羲之"藏书者,谓当以书明心,不可玩物丧志,此则藏书之至极也"的理论。(全祖望《鲒埼亭集外编》)全祖望一生搜书、抄书和藏书,都与他的好读书密不可分。他认为:"夫藏书必期于读书。然所谓读书者,将仅充渔猎之资耶?抑将以穿穴而自得耶?夫诚研精得所依归,而后不负读书。"(全祖望《鲒埼亭集》)他认为藏书是为了读书,读书是为了学问。由于全祖望自少年时代始,即"惓惓忠烈遗事",从他21岁起,便正式开始了搜求乡邦文献,从事"故国遗事"的撰著。因此,收藏地方文献是全祖望藏书的一大特色,是双韭山房藏书的一大特色。笔者在《宁波藏书文化的地域特征》一文中曾指出:"宁波的历代藏书家,尤好留意桑梓,集刊文献。史学大师全祖望'于里中掌故考索尤勤',其藏书楼双韭山房'所藏典籍也以是类为备。'"并引用其《鲒埼亭集》的原话:"四明志乘以吾家为最备,自胡尚书宝庆志、吴丞相开庆志、袁学士延祐志、王总管至正志、李孝廉永乐志、杨教授成化志、张尚书嘉靖志,无一佚失,足以豪矣。"《宁波府志》是他入京中进士后,入庶常馆,以翰林身份借读皇家藏书《永乐大典》时所抄。他还从天一阁所藏《四明文献录》中抄得四明最早的方志——乾道《四明志》。其典藏的地方志成为双韭山房的镇库之宝。

图㉙ 邵晋涵

（十）家传乡学集大成

> 昨闻邵二云学士逝世，哀悼累日，非尽为友谊也，浙东史学自宋元数百年来，历有渊源，自斯人不禄，而浙东文献尽矣！

这是章学诚《与胡雒君论校胡稚咸集二篇》所言，邵二云即邵晋涵，也是浙东文献的集大成者。

邵晋涵（1743—1796），字与桐，又字二云，号南江，邵廷采从孙，余姚人，为清代浙东学派的殿军人物之一。少好学，善读书，无论"寒暑舟车，未尝顷刻辍业"，加之博闻强记，遂渊博无涯。乾隆三十年（1765）举于乡，典试者为钱大昕，得其文，"谓非老宿不辨，及来谒，年裁逾冠"。乾隆三十六年，礼部会试第一，成进士。廷试二甲，归部铨选。乾隆三十八年（1773），诏开四库馆，大学士刘统勋推荐入馆，特旨改庶吉士，充纂修官。逾年，授编修。乾隆五十六年，迁中允，擢侍讲。转侍读，历左庶子、侍读学士，充日讲起居注官，直文渊阁。历充成安宫总裁、三史馆、三通馆、纂修馆，又为国史馆提调，兼掌进拟文字。又曾典试广

西、教习庶吉士。

邵晋涵虽然任职史馆十余年,但其史学研究仍保持了清代浙东学派的特色,不仅深受家传影响,而且以浙东三先生为宗。浙东三先生指王阳明、刘宗周、黄宗羲。钱大昕《邵君墓志铭》即指出:"君生长浙东,习闻蕺山、南雷诸先生绪论。"(《潜研堂文集》卷四十三)邵晋涵的挚友章学诚也说邵氏之史学来源于"家传乡学"。(《章氏遗书》卷十八《邵与桐别传》)而邵晋涵自己对黄宗羲等浙东学术先贤十分景仰,"用为私淑,故性情质直贞亮,而经纬史,涉猎百家。"(《国朝耆献类征初编》卷一百三十王昶所撰墓表)

邵晋涵在四库馆时,负责《四库全书总目》中《史部提要》的编撰。《史部提要》大多出自他之手,评论确切,多创见。在国史馆时,馆内收贮先朝史册数以千计,馆内总裁凡有疑问,他立刻可以答出在某书某卷宗某页,万无一失。他又辑有《旧五代史》,使北宋薛居正撰、后几至湮没的《旧五代史》恢复了原貌。又校定《续通鉴》,撰成《尔雅正义》二十卷。邵晋涵还有志于重修《宋史》。惜草创未成。

邵晋涵所著尚有《韩诗内传考》《谷梁正义》《孟子述义》《牗轩日记》《方舆金石编目》,皆散佚,所传仅《尔雅正义》《皇朝谥

图30 邵氏家塾本《尔雅正义》

邵晋涵印

图㉛ 印文右起为：邵氏二云 晋涵之印

迹录》《南江诗文集》数种，《五代史考异》两卷仅存残本。邵晋涵被誉为"一代独出之史才"。

邵晋涵作为海内知名之学者，其藏书是必不可少的。章学诚《与胡雒君论校胡稚咸集二篇》云："盖其人天性本敏，家藏宋元遗书最多，而世有通人，口耳相传，多非挟策之士所闻见者。"由此可见，邵晋涵不仅藏书丰富，而且藏有很多宋元善本。相关的著录也证明了这一点。丁丙《善本志》著录其藏书《金华子》等，罗振常《善本书所见录》著录其《书法钩玄》等，均载其藏书印，其藏书印有"邵晋涵印""邵二云正定经文""二云""二云长物""二云氏"等。

清高宗开四库馆征天下遗书时，邵晋涵与天一阁、二老阁一样，也曾进呈其藏书。据郑伟章先生《四库全书献书人丛考》考证，《四库全书总目》共著录邵晋涵进呈之书五种，一百二十卷。

邵晋涵当为乾隆年间一大藏书家，惜其藏书事迹不甚详。据林申清《中国藏书家印鉴》记载，其藏书处曰重远楼。

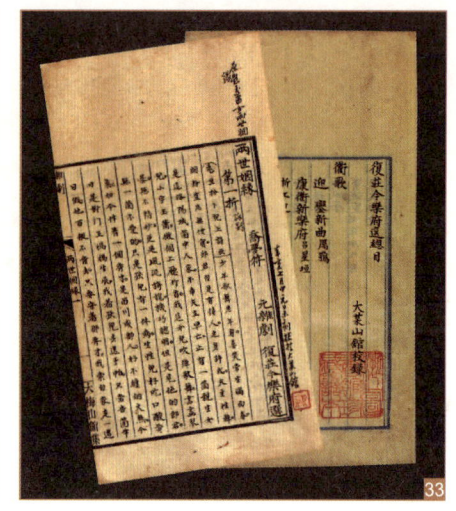

（十一）夜非三鼓不睡也

大梅山民姚燮是宁波历史上最勤奋好学的读书人之一，其成就也高。

姚燮（1805—1864），字梅伯，晚号复庄，又号野桥，别署大某山民、大楳、大梅山民、疏影词史、复翁、老复、二石生、古梅山民、复道人等，镇海人。祖辈多寒士，受家学熏陶，五岁能赋《灯花》诗。自幼勤读博学，至老不辍，俗务之暇，辄"坐斗室，陈一编，夜非三鼓不睡也"。诸凡经史子集、道藏释典、稗史杂言，无不观览；诗文书画、戏曲音乐、小说评点，均有造诣。喜旅游吟唱，24岁结枕湖诗社。道光十四年（1834）乡试中举，入京会试不第，与名士交游，得鼓励、熏染，功力日臻深厚。大学士阮元谓其词如白石姜夔，画如煮石山农王冕，赠雅号"二石生"。

鸦片战争期间，镇海、宁波相继沦陷。姚燮挈妇将雏，奔走流离，历尽颠沛，诗风大变，诗词悲愤激昂。1842年居鄞江桥，与朱立淇同纂《四明它山图经》。秋，移家宁波市心桥南。不久病剧，借寓城北玉清道观，闭门诵经，休养五月余，愈后号复庄。因科举屡挫，绝意仕进。此后寓杭、苏、沪、京等地，以作画撰文为生。结交既广，流连吟咏，征歌游宴，放逸不羁。金尽则闭门

姚燮印

图㉞ 印文右起为：五十以后藏 复庄 大梅山馆 大某山民

作画，其画仕女花卉翎毛，意境奇特，尤工画梅，淋漓尽致，篆款"还我原姿""方寸千里"以示志。市人争购，称大梅先生。

1853年，姚燮离沪回甬，客象山，组织红犀馆诗社。晚年，致力于戏曲、小说与经史，又雅好音乐，精通音律，自能制曲。著有《退红衫》《梅心雪》《苦海航》等传奇及《琴谱雅音》等。所撰《今乐考证》十三卷和所编《今乐府选》五百卷，被誉为"中国戏曲史上规模空前的选本与空前的剧目著录"。姚燮又为清代《红楼梦》三大评点家之一。

姚燮一生勤于著述，病逝前数日尚编辑《蛟川诗系》，撰《蛟川先正小传》。遗作尚有《疏影楼词》《复庄诗问》《复庄骈骊文榷》等40余种。

姚燮酷嗜书籍，据王荣商《大梅山馆日记》记载：姚燮画画的收入每天可得百十金，都用来购书了，所以大梅山馆的藏书，几乎可与甬上诸家相埒。所以姚燮画技越来越高超，藏书越来越丰富，诗文也越来越有名。又勤抄不辍，每天需要用二十张纸抄书，即使病中也手不释卷。又常在支窗灯下，酷暑斗室，旅途舟中，自夜达旦，校点加批。

藏书处因地处鄞之大梅山而名曰大梅山馆，又有红群山馆、疏影楼、息游园、玉笛楼等。藏书印有"甬东大梅山馆姚氏

金石书画图籍印""大梅秘玩""复庄姚氏""复庄""梅伯复庄大梅山馆藏"等。

大梅山馆藏书编有书目,其《大梅山馆藏书目》共十六卷两册,以经史子集分部,子、集两部分类尤细,子部有天文、历算、太乙、六壬、奇门、卜筮、阴阳、占梦、星命、风鉴、宅经、堪舆、玩占、医经、脉诀、本草、方书、医书、女科、摄生、夷书、闺阁、列女小传、闲情、妓品、名优、粉妆、绮语、文房、印谱、画苑、货宝、乐谱、器玩、酒茗、食馔、种植、豢养、艺术、灯谜、杂技、类家等五十六类,前所未有。共著录约三千余种,其中古今杂剧约四百种,佛道三百种,集部小说、戏剧尤多。

姚燮身后萧条,大梅山馆藏书散出,尽流入鄞县蔡鸿鉴之墨海楼,旋又归李庆城之萱荫楼。

图㉟ 姚燮《忏绮图》

图㊱ 董沛

（十二）坐卧书楼遍读书

近代宁波的读书研习风气确实令人敬仰，勤学苦读者大有其人，若姚燮，若徐时栋，还有一位就是董沛。

董沛（1828—1895），字孟如，号觉轩，学者称觉轩先生，鄞县人。出身儒学世家，生具异禀，精爽过人。4岁入塾能应对，7岁能诗，11岁学古文，19岁补博士弟子，逾年补增生。善读书，遍读家藏书籍，尚感不足，复求之同里藏书家，再至杭州借文澜阁书读之，遂"学极淹贯"。当时徐时栋以文章鸣东南，为地方鸿儒大师，主一时文柄，名士率著籍门下，独与董沛为忘年交，不敢以师道临之，深相推重。徐时栋主纂《鄞县志》，未竟而卒，临殁嘱董沛"终其事"。董沛不辜厚望，书出光绪《鄞县志》，"咸称殚洽"，此志成为鄞县志书中资料较为详尽的一部。同治六年（1867）举乡试，光绪三年（1877）成进士，历任《江西通志》协辑及清江、东乡、建昌、上饶等县知县。其居官以四语自守："御下贵严，治狱贵审，催科不求胜于前人，人事不苟同于流俗。"所在以整修学校、留心文献、表彰前哲为己任，获"勤敏精能，尽心民事"的评价。

董沛一生著述丰富，有《明州系年录》七卷、《两浙令长考》

图37 董沛著《吴平赘言》

三卷、《甲丁乡试同年录》三卷、《汝东判语》六卷、《吴平赘言》八卷、《南屏赘语》八卷、《晦暗斋笔语》六卷、《韩诗笺》六卷、《周官职方解》十二卷、《唐书方式镇表考证》二十卷、《西江靖寇录》六卷、《甬上明诗略》二十四卷、《甬上诗话》十六卷、《董氏家传》四卷,《今平准书》《今礼书》《今献遗闻》三书未定卷,主修之《鄞县志》七十五卷、《慈溪志》五十六卷,协修之《江西通志》一百八十五卷、《六一山房诗集》二十卷、《正谊堂文集》二十四卷、《外集》十卷。可谓著作等身也。

　　董沛丰硕的学术成果得益于他的勤学苦读,得益于宁波地方丰富的藏书,其中包括世人一向目为"保守"的天一阁。其《正谊堂文集》卷二十四所附《知州衔封朝议大夫江西建昌知县董府君行状》谓其弱冠之年"遍读家藏书,复求之同县烟屿楼徐氏、抱经楼卢氏、天一阁范氏,继之杭州借文澜阁书阅之",博览群书,为其学问奠定了坚实的基础。而且他年轻时已致力于学问。其《两浙令长考序》记述:董沛为编此书,以补志书记载之缺,于"道光丁未登范天一阁,翻阅元明浙志四十余家,其后登卢氏抱经楼续阅"。道光丁未,即道光二十七年,为公元1847年,董沛才19岁,他以自己的才情叩开了天一阁的大门。

　　董沛从年轻时代起就遍登藏书楼,从书楼中获益匪浅,于光

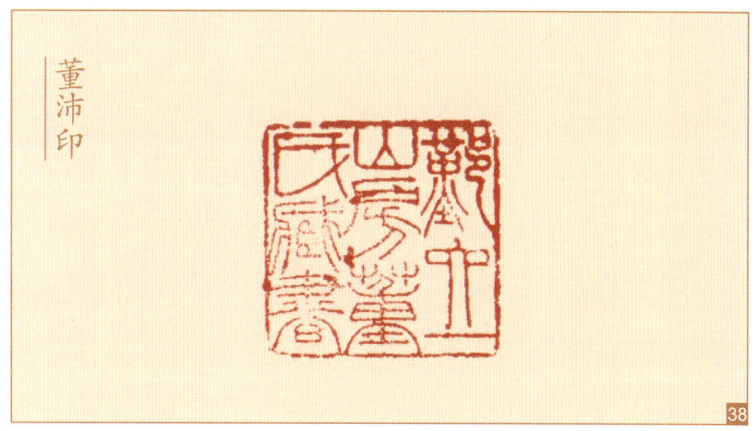

绪十年（1884）以疾辞官归里，据董缙祺《知州衔封朝议大夫江西建昌知县董府君行状》记载，董沛令家人开辟园地，筑屋三楹，取名曰六一山房。到修完时，已聚书五万卷，自此过起日日与书为伴的日子。

董沛于前贤著作尤所留意。全祖望《七校水经注》原本为有力者窃据，乃搜求底稿，重加校勘，谋于观察无锡薛福成，付梓复为完璧。辑《四明嘉道后诗》凡九百余人以上。复辑清初以来《四明诗》，以益前后《甬轩录》所未备，将开雕而因病未果。

其藏书处除六一山房外，尚有正谊堂、晦暗斋，其书印有"六一山房藏书""鄞六一山房董氏藏书"等。

殁后家贫，嗣子早卒。清之末年，遗书、手稿散失殆尽。今美国国会图书馆有其所藏之《史记题评》百三十卷，冯贞群《伏跗室藏书题记》多有记载。

图㊳ 印文为：鄞六一山房董氏藏书

图㊴ 董沛编《四明清诗略》

【三】

嗜书痴书有专藏

（一）顾我幸多千卷蓄

手披欲究百家编，奴婢年来识郑玄。
顾我幸多千卷蓄，念君未有一经全。
诗书心醉不容醒，父子笔耕期有年。
此但古人糟粕尔，更须从此悟真筌。
书种传来直到今，读书几似孝标淫。
欲君终就九经库，与子平分一片心。
更向漆园穷妙旨，何殊清庙奏遗音。
中郎书籍付王粲，想得知余此意深。

这是楼钥描写自己收书、访书生活的一首诗。

楼钥（1137—1213），字大防，一字启伯，自号攻愧主人，鄞县人。其资禀高明，仪表俊整，对细碎小事不经于心，从小嗜读书，潜心经学，融贯史学，又识古文奇字。宋孝宗隆兴元年（1163）进士，文章极佳，被认为是"翰林才也"。后任宗正寺主簿，又出知温州。光宗即位，楼钥于绍熙元年（1190）奏称爱护百姓，保养元气，擢起居郎兼中书舍人。其直言敢谏，言奏不避，为人方正，敢于挑战权臣，《四库全书总目》评其为"居官持正有守"。后历任给事中、显谟阁学士，出知婺州，移知宁国府。一度告老归家，家居十三年，读书授徒，韬光晦迹。重新起用后任吏部尚书兼翰林侍讲，迁端明殿学士。嘉定初年知枢密院事，升参知政事，又授资政殿大学士，提举万寿观。卒后赠少师，谥宣献。

楼钥是位文学家，以散文见长。《宋史·本传》称其文章擅长制诰体。他曾起草光宗内禅制词，其中"虽丧纪自行于宫中，而礼文难示于天下"之句为海内所称颂。其以随员身份出使金国所撰《北行日录》，反映了沦陷区人民的痛苦生活。楼钥又精于经学，旁贯史学，兼通诸子百家，《四库全书》谓其"学问赅博，文章淹雅，尤多为世所传述"。袁桷在《延祐四明志》中称其"中原师友传授，悉尽渊奥。经训小学，精确可信"。宋室南渡后，士大夫不关心实学，空谈习气严重，楼钥独能贯通古今，折衷考较，凡所论辩，皆能洞彻源流，人称"有本之文，不同浮议"。在南宋词臣中，楼钥可谓佩实衔华。真德秀在为楼钥的《攻愧集》作的序中称："公生于故家，接中朝文雅，博极群书，识古文奇字，文备众体，非如他人。""方淳熙间，鸿硕满朝，每以奏篇出，其援据该洽，义理条达者，学士大夫读之，必曰楼公之文也。一诏令下，其词气雄诨、笔力雄劲健者，亦必曰楼公之文也。"（《攻愧集·原序》）

楼钥性喜藏书，对读书、藏书、访书到了如痴如醉的地步。其在《跋春秋繁露》中云："止于三十七篇，终不合《崇文总目》及欧阳文忠公所藏八十二篇之数。余老矣，犹欲得一善本，闻婺女潘同年叔度景宪，多收异书。嘱其子弟访之，始得此本，果有八十二篇……前所未见。"

楼钥一生藏书逾万卷，所藏之书都亲加校核，因此他的藏书为世人所重，人称"善本"，其藏书楼名"东楼"，名重一时。东楼位于宁波月湖南岸，全祖望《湖语》云："前王后楼，昼锦之府。

双阙相仍,群公之祖。余光莹莹,环桥如组。登封高阁,嵩洛可抚。攻愧东楼,拂云高户。"又云:"藏书之富,南楼北史。"其自注云:"宣献东楼,鸿禧碧沚,最有名。"

楼钥斋名又曰攻愧斋,其《攻愧集》卷一"古诗"第一首《攻愧斋》:"余以攻愧名斋,俞致翁惠书谓若无愧可攻者,读之悚然,不敢当以谢之。"诗曰:"圣贤不得见,道散固已久,学者多自贤,鲜肯事师友。颠冥声利中,悔吝皆自取,动言无愧怍,未知果然否。寡过云未能,先圣欣善诱……每思攻所愧,扁榜铭座右。三诵故人书,惭汗几欲溜。夫岂为戏言,知君于我厚,因之更加警,补过尚无咎。"由此可见楼钥之人格。

楼钥还刻印过书籍,现北京大学图书馆藏有楼氏家刻本《攻愧集》。该书卷端题"攻愧先生文集"120卷,目5卷,48册。存103卷,中缺卷5—7、26—29、38—40、77—79、94—97,卷53《扬州平山堂记》一篇缺后半。框高22.3厘米,广15.3厘米,10行,行18字,白口,左右双边。版心上记字数,下记刻工之姓名。刻工有方至、王寿、沈文、阮先或董、荣、阮、王、顾、世荣、丁等一字姓或名。首真德秀序一篇。全书欧体大字,印制精美。由此可见,楼氏家刻的规模不小。

有"四明楼钥"藏书印,可能是所知最早的文人藏书印。

图② 楼钥著《攻愧集》

图③ 胡三省

（二）藏书石窖注通鉴

南湖袁学士桷，清容之故居也。其东轩有石窖焉，子过而叹曰："此梅涧藏书之所也！"

这是全祖望《胡梅涧藏书窖记》的开篇之语。

胡三省（1230—1302），原名满孙，字身之，又字景参，以家居涧旁而多梅，故又号梅涧，宋元之际史学家，宁海人。其父胡钥笃爱史学，尤重《资治通鉴》，人称"山泽遗才"。

胡三省深受其父影响，自幼好学，功课之余亦攻读《资治通鉴》。其父有感于《资治通鉴》各注本谬误甚多，有希望胡三省能勘正《资治通鉴》的嘱托。15岁父卒，家境艰难，胡三省做学问却更加勤奋。宝祐四年（1256）登进士第，授吉州泰和县尉，为侍奉老母而未赴任。后改任庆元府慈溪尉，得罪知府厉文翁，被弹劾罢官。不久，以"文学行谊"被荐，授扬州江都丞。咸淳三年（1267），应江淮制置使李庭芝之聘，授寿春府学教授，佐淮东幕府。经考举及格，改奉议郎，知江陵县。咸淳六年，因母去世而离任，期满后改知安庆府怀宁县。同年，以李庭芝调任，即

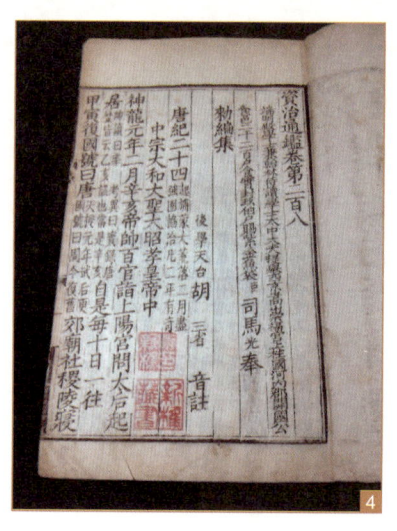

图④ 胡三省注《资治通鉴》

返杭州。

胡三省案牍之余,致力于《资治通鉴》校刊,虽公画冗繁,仍坚持不懈。宦游所至,见有不同版本之《资治通鉴》,务必搜罗,故其藏书多各种不同版本之《资治通鉴》,形成专藏。而遇《资治通鉴》方家,即登门求教。在杭时,已编就《资治通鉴广注》97卷,论著10篇。贾似道门客廖莹中闻其名,出重金聘其校勘《资治通鉴》,以教授子弟。后又荐入贾似道府中,任沿江制置司机宜文字,升朝奉郎。翌年,改任幕僚,从军江上,然与贾不合。是年,贾督师芜湖,大败于吕港,胡三省返宁海。自此长期隐居著书,直至终年。

德祐二年(1276),元军陷临安,宁海亦遭兵祸,胡三省携眷迁新昌,不幸《资治通鉴》文注稿在战乱中散失。遂变卖家产,再购《通鉴》,发愤重新作注。此时,胡三省已四十有七。其时家境困乏,连度过年终都困难,而回想当年,临安城下,淮水滩头,皓月当空,对酒高歌,豪情满怀,意气风发。而今日,家园寥落,衰草枯杨,荒山夕照,无限凄凉。希望与失望交织,愤慨与惆怅并生。他怀着这种心情,伏案而书,走笔如缕,呕心沥血,九经寒暑,新稿才基本就绪。余下的工作,就是核实、校正与补充。由于当时身边资料不足,胡三省于元世祖至元二十一年(1284)来到鄞县。

鄞县为当时浙东首府,宋亡后,四方遗老多避难庆元。而袁桷之父袁洪是当地名流,避难者多寓居其家。当时从天台来的三位宿儒舒岳祥、刘正仲和胡三省都投袁氏。胡三省投袁氏是因为袁洪慕胡之名,聘他在塾馆做教席。胡三省于教学之余,每天亲手抄书,到乙酉年冬天才完成编著,只要是《资治通鉴》纪事本末,地名异同,州县建制,制度沿革,都注明来龙去脉。其第二次注稿就是在袁家完成的。

元至元二十六年(1289)春,宁海人杨镇龙起兵反元,聚众达十二万人,树国号大兴,立年号安定。胡三省当时还在袁氏府下,因有第一次失稿的前车之鉴,预先将书稿藏于袁氏东轩之石窨中。乱定返室,书稿无恙。今日传世之作,即此稿。清初学者全祖望专门写有《胡梅涧藏书窨记》,记述此事,其云:丙子(1276)避地浙之新昌。师从之,以孥免,失其书。乱定反室,复购得他本注之,讫乙酉(1285)冬,始克成编,丙戌(1286)始作《释文辩误》。梅涧以甲申(1284)至鄞,清容谓其日手抄定注。己丑寇作,以书窨藏中,得免。

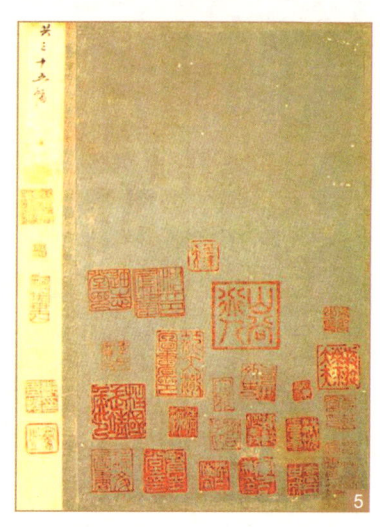

图⑤ 钤有范大澈藏书印的《大观帖》

（三）天下藏书此一家

  石崇与王恺争豪，并穷绮丽以饰舆服。武帝，恺之甥也，每助恺。尝以一珊瑚树高二尺许赐恺，枝柯扶疏，世罕其比。恺以示崇。崇视讫，以铁如意击之，应手而碎。恺既惋惜，又以为疾己之宝，声色甚厉。崇曰："不足恨，今还卿。"乃命左右悉取珊瑚树，有三尺四尺、条干绝世，光彩溢目者六七枚，如恺者甚众。恺惘然自失。

  这是《世说新语·汰侈》讲的石崇与王恺比富的故事，后来有人把范钦与侄子范大澈比藏书之富喻为"石崇之于王恺矣"。

  范大澈（1524—1610），字子宣，又字子静，鄞县人。自幼性孝友，好读书，从里中名士游，不间风雨。二十六岁时跟着伯父范钦到京师，在双塔寺墙壁上题诗，名士袁炜见了以之为奇，请他做塾师。约三十岁时供职于国子监，为大学士徐阶的掌记室，一时声名藉甚。后补鸿胪寺序班，曾先后出使琉球、辽东、朝鲜等处。一生七奉玺书，进秩至二品。归里后，在住所西边的高地另筑屋舍，二十年间与里中的贤人士大夫品书评画。与范钦一

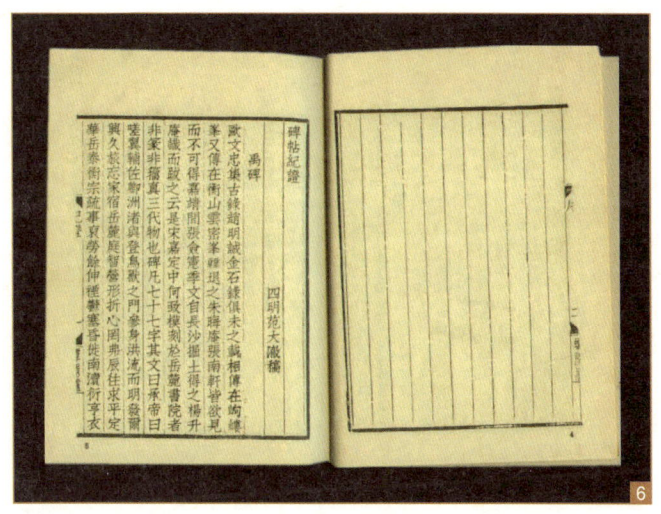

图⑥ 范大澈《碑帖纪证》

样,也是致仕后筑藏书楼,楼曰卧云山房。

范大澈的藏书活动始于京师。据郑梁《讷庵范公传》记载,范大澈把自己的月俸收入都用来聚书,听闻有人有抄本,就多方筹借。他曾在位于长安的府邸雇佣善于书法的人抄书,多的时候有二三十人。又因为出使过琉球、朝鲜等地,远行天下,广事搜罗,不仅藏书数量丰富,更有稀见之"怪雅异集"。范大澈尤爱书法、名画、篆刻,所藏多唐宋以来名人手迹。藏印更加丰富,《鄞县志》称其所收藏的秦汉以来印章达四五千枚之多,为明代集藏古印第一人。他还善于选择纸张,制作朱泥,自己做印谱,经常反复把玩。范大澈又善鉴定,只要是初本、肥本、原拓、赝拓、硬黄纸、枣木板、银锭纹,过眼就可以辨秋毫。著有《碑帖纪证》。

范大澈藏书活动还有一事值得一提。范大澈曾向范钦天一阁借书,而范钦没有答应,范大澈有点忿然,于是遍搜海内的异书秘本,不惜用重金购买,有次得到一种天一阁所缺的善本,就设酒邀请范钦到他家,把得到的书放在桌上,范钦看了后默默离去……此事说明范大澈卧云山房有许多天一阁所无之书,与天一阁是可以相媲美的。郑梁《为陈怡庭寿范简岩七十序》中云:"鄞县好古,藏书之家,丰氏而后推范氏。然人知司马东明公(范钦)之所藏特富,而讷庵公(范大澈)为其犹子,其所藏不止如南

图⑦ 印文右起为：范氏子宣 范大澈图书印 句章灌园叟 平生乐事

北阮也。百余年来，故家皂隶、华屋山丘，司马天一阁之书名天下，然至论其签题装辑，奕世如新，则鸿胪手泽。拟诸司马，正如石崇之于王恺矣。"范大澈卧云山房有其收藏特色，在中国藏书史上有其位。

范大澈之卧云山房，在宁波西门外莫家巷，已毁。其藏书印有"范大澈印""子宣父""平生乐事""沧瀛外史""西园""范大澈图书记""范氏子宣""明州范生""卧云""四明真逸""范伯子""句章灌园叟"等。卧云山房藏书在范大澈去世后不久，便陆续散出。

图⑧ 孙矿

（四）储藏四部甲姚江

　　月峰尚书喜储藏四部，甲于姚江，至是尽归于公，按其首尾而读之。

　　全祖望在为孙嘉绩撰写的《孙公神道碑铭》中提及其祖父孙月峰的藏书，认为甲于姚江。

　　孙矿（1543—1613），字文融，号月峰，余姚人。姚江孙家境（今慈溪黄河）孙氏，自宋以来，名人辈出，明代尤盛，为余姚望族。仅《宝庆会稽续志》《明史》《浙江通志》立传的有十二人，光绪《余姚县志·列传》收录的达二十九人，收录在《中国人名大辞典》（商务印书馆1921年版）的有二十一人。（吾友童银舫君《姚北孙氏世家》述之甚详，下文也多参考之）孙矿，万历甲戌（1574）会试第一，授兵部主事。旋即为吏部文选郎中，考核官员，度准循则，声望渐高。累进兵部侍郎，加右都御史。后被弹劾乞归，以著书讲学安度晚年，著述极丰，且多传世。孙矿是姚江孙氏集大成者，无论仕途，还是著书立说，多才多艺，皆堪称典范。尤其在著述方面，一生著作达三十余种、六百余卷，自成一

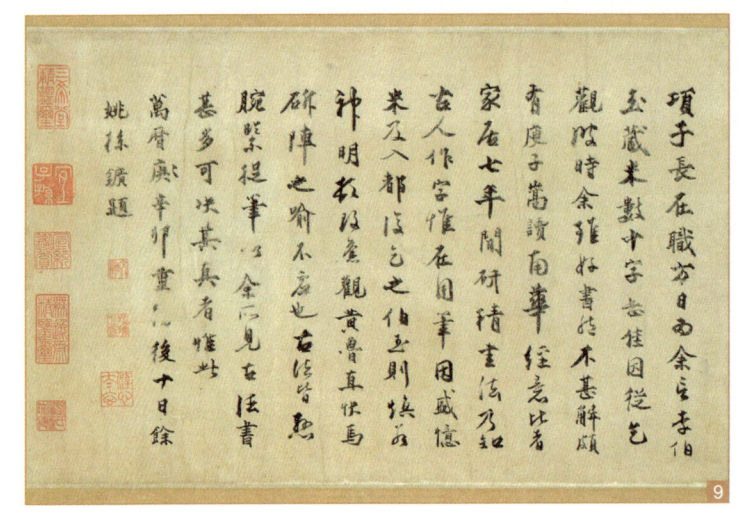

图⑨ 孙矿跋米芾《吴江舟中诗卷》

言。其所著万历《绍兴府志》五十卷,一年即成,赵锦在序中称是书"其事具,其言核,统之不紊。详哉旨乎其言之矣。旁诹而博考,酌古而准,发前所未明,补前所未备,其用心亦勤且精矣"。《四库全书总目提要》则称"是志分十八门,每门以图列于书后,较他志易于循览,体例颇善。末为序志一卷,凡绍兴地志诸书,自《越绝书》《吴越春秋》以下,一一考核其源流得失,亦为创格。"其《书画题跋》凡六卷,《四库全书总目提要》谓"所论时有精理""亦鉴赏家所当取证",历为书画家所重。

孙矿乞退后,归隐县东月山,有藏书读书处,称月山旧庐。黄宗羲《天一阁藏书记》云:"吾邑孙月峰亦称藏书,而无异本。后归硕肤。丙戌之乱,为火所尽,余从邻家得其残缺《实录》三分之一耳。"

硕肤为孙矿之孙,原名光𬭚(1604—1646),字辅之,号硕肤,后名嘉绩,崇祯丁丑(1637)进士,授兵部郎中,遭谗下狱,在狱中向黄道周学《易》,后得刑部尚书徐石麟营救获释。福王立,起为九江道佥事,未上任而南都破,返乡与同邑熊汝霖起兵抗清。鲁王监国,迎鲁王于天台,任右佥都御史、兵部尚书兼东阁大学士。后因忧劳过度,得疾而卒,年仅四十三。孙嘉绩少嗜读书,"月峰尚书喜储藏四部,甲于姚江,至是尽归于公,按其首尾而

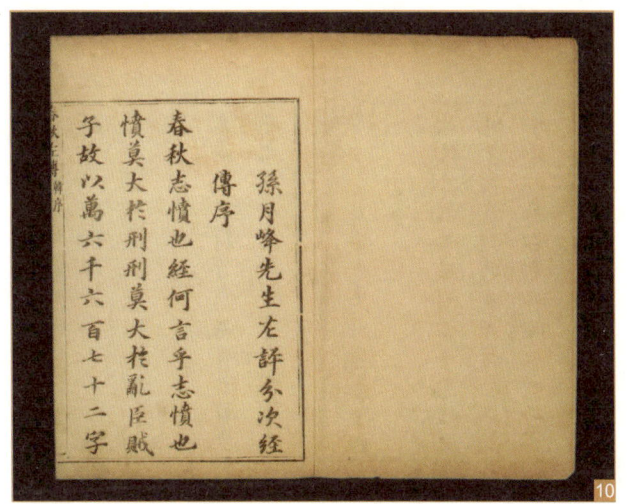

读之。"（全祖望《孙公神道碑铭》）据此记载可知，孙矿藏书在明代也是十分丰富，甲于一方，历三代至而其孙孙嘉绩。后于顺治三年（1646）毁于火。

图⑩ 孙矿注《春秋左传》

(五)宋版汉书归甬上

赵文敏家藏前后《汉书》,为宋椠本(古代用木板雕字所印的图书,称椠本)之冠,前有文敏公小像。太仓王司寇得之吴中陆太宰家。余以千金从徽人赎出,藏弆廿余年。今年鬻之于四明谢象三。

这是钱谦益跋前后《汉书》之语。宋版《汉书》原为谢三宾之师钱谦益所有,后钱谦益因贫故,不无藉于三宾,乃以赵松雪手批《汉书》从之质千金。这样,王世贞以鬻一庄得之、钱谦益以千二百金得之的《汉书》终归四明博雅堂,一时轰动。

谢三宾(生卒年不详),字象三,号研北,晚号塞翁,鄞县人。天启五年(1625)进士。初知嘉定县,遂受教钱谦益门下。后擢陕西道御史。崇祯五年(1632),山东李九成起事,城邑围陷,皇上震怒。谢三宾上疏说:"成事在人,此不过数月。"遂以才干御史代巡,特敕监纪军事,得朱大典协助,平定登州、莱州之乱,晋太仆寺少卿。后丁艰居家。1645年,南都加户部侍郎,晋礼部尚书,以东阁大学士参机务。1646年随阮大铖降清,晚节不保。又二十余年卒。

谢氏富甲甬上,经兵乱丧失后尚以数十万计,所埋葬不可屈指。其博雅堂藏书几与其师钱谦益绛云楼相埒,所藏尤以宋版《汉书》而闻名。

据著名史学家陈寅恪先生考证,钱谦益此次割爱售书,是为了筹措建造绛云楼的经费。钱谦益绛云楼于崇祯十六年(1643)癸未上梁,十七年甲申落成。本来造绛云楼是为了藏书,但究其初衷,是因为钱谦益想要娶江南名妓柳如是。柳色艺双绝,博通群籍,为当时诸名士所惊服眷恋,所以钱谦益有意盖华楼以共处

美姬珍籍。然终因资金困难，使《汉书》落入谢三宾之手。谢三宾当初曾与钱谦益共争柳姬，几成仇隙，而今得《汉书》，也可聊以自慰。而钱谦益失《汉书》后则难以释怀，他说自己失去《汉书》的心情，与李后主亡国后听教坊杂曲，"挥泪对宫娥"的凄凉是相似的。更有好事者京山李维柱说："如果能得到赵文敏的《汉书》，一定每日焚香礼拜，死后拿书殉葬。"钱谦益"牙签宝轴，参差充牣"的绛云楼后遭火灾，成为古今图书史上的一大劫。所幸宋本《汉书》已归谢三宾。顺治间（1644—1661），此书归新乡张某，后以贡内府，不可复见。

谢三宾之父葬于翠山，建有坟庄五间，曰翠山庄。甲申（1644）乱时，谢三宾迁博雅堂书于翠山。而山寇蜂起，将书中的长编大册泼油后付之一炬，短小之书就用来填充棉甲。于是，"插架万签，顿时星散"。

图⑪ 博雅堂

（六）兆鳌拥书胜百城

仇兆鳌（1638—1717），字沧柱，鄞县人。父遵道，为诸生，潜心探究理学，启迪后学，门下多贤俊之士。康熙二十四年（1685）进士，廷试策问"官方及海禁"，仇兆鳌以"官方有保举徇私之弊，开海宜捐利以与民"答之，得读卷官杨雍建赏识，选庶吉士，授编修。康熙二十七年（1688）充会试同考官。与修《一统志》《明史》，当值南书房。康熙三十三年（1694）乞假归。康熙四十三年（1704）赴京纂修《方舆程考》，迁左赞善，转侍讲侍读，升侍讲学士。康熙称赞他"朝臣中如仇兆鳌者，言行不苟，不可多得"。旋擢内阁学士兼礼部侍郎，充经筵讲官。康熙四十九年（1710）擢吏部右侍郎，兼翰林院学士。仇兆鳌以敢言系一时人望。

仇兆鳌少从黄宗羲游，论学以蕺山为宗。任侍郎时，与李光弟、张玉书、陈廷敬等交往，更以理学自任，归宗于朱学。有《四书讲义》《通鉴论断》《四书说约》《参同契悟真篇集注》。而以研究杜甫诗最精深，所著《杜诗详注》最负盛名。

清代文化极为发达，书籍的刊刻、流通极为便利，故藏书家得以大量收藏。这也是清初杜诗学发达的一个重要条件。许多杜诗学者都是著名的藏书家，如钱谦益、顾宸、朱彝尊、仇兆鳌、浦起龙等都有丰富的藏书。孙微《清代杜诗学史》称："仇兆鳌的《杜诗详注》得以'援据繁富'著称，这正得益于其藏书的丰富，人称其'甬上仇先生，拥书胜百城'。"（程师恭《读〈杜诗详注〉》）可见其藏书之丰富。

有"诗圣"之称的唐代大诗人杜甫一生流离失所，备受磨难，本着忧国忧民、激愤忾悯的情怀，其诗作较真实地描述了唐代历史转折时期的政治局势和社会面貌，反映了民间疾苦，有"诗史"之称。杜诗艺术成就极高，为历代所重视，注家蜂起，到

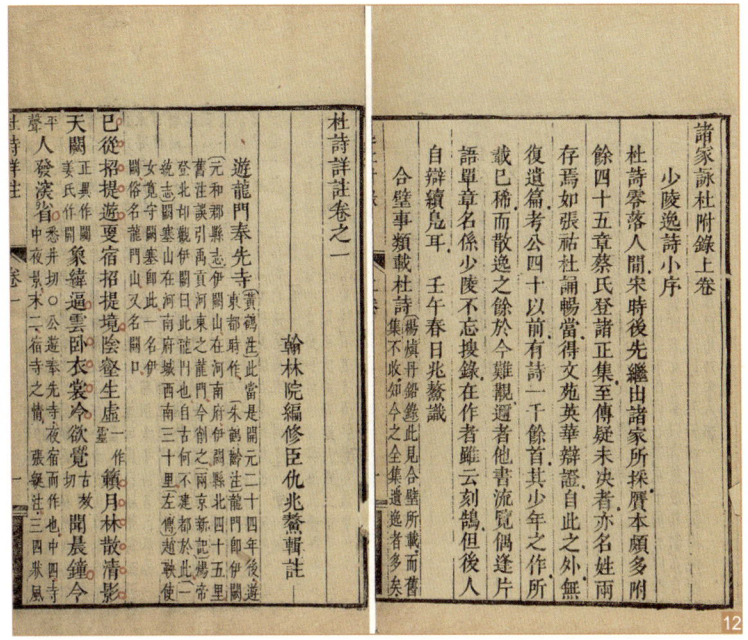

宋代有"千家注杜"之说。仇兆鳌花费20年时间，汇集历代各家注本，辑为《杜诗详注》，资料极为详尽，为对杜诗详加注释与考订的集大成之作，至今仍不失为阅读杜诗的一种重要的参考书。从《杜诗详注》看，仇兆鳌收藏有大量关于杜诗及杜诗研究和与杜诗研究相关的书籍。他尽力搜求前人及当世注家之著作，不下数百家，如赵次公、黄鹤、王嗣奭、钱谦益、朱鹤龄诸家论杜之著述。此外，凡涉及杜诗之前朝、时从之别集、杂著、诗话、笔记也一一加以收集。有多种关于杜诗的前人著作，原书已佚，而赖《杜诗详注》引录而得以存其片段。可以说，仇兆鳌是一位结合自己的研究而有专藏的藏书家。

图⑫ 仇兆鳌《杜诗详注》

图⑬ 《宋元学案补遗》

（七）经史子集各归位

盖五桥之收罗典籍十余年矣，家有醉经阁，经史子集各归其位。

这是王梓材《宋元学案跋》对冯云濠醉经阁的描述。

冯云濠（生卒年不详），字文浚，号五桥，慈溪人。经优贡中式道光十四年（1834）进士。咸丰间太平天国军兴，他助饷筹防，先后捐银二十万两，累叙至候选道，赏戴花翎。家素封，好行善，凡邑之浚河、济荒，不惜千金，曾浚北湖，筑二堤，又创建德润、慈湖书院。凡排难，一言立决，人皆敬服。

冯云濠性喜读书、藏书，于所居筑醉经阁，藏书数万卷。醉经阁藏书多善本。光绪《慈溪县志》谓其"尝于所居构醉经阁，藏书多善本"。傅氏《经眼录》卷二有醉经阁旧写本《读四书丛说》八卷；王师《提要》类书类有醉经阁明抄本《记纂渊海后集》残存九十五卷、四十册，今藏北京图书馆；潘氏《著砚跋》有醉经阁旧抄本《陶隐居集》。尤其是得到黄宗羲、全祖望的《宋元学案》稿本后，整理刊印，使醉经阁刻本名闻学术界。其藏书楼得名醉

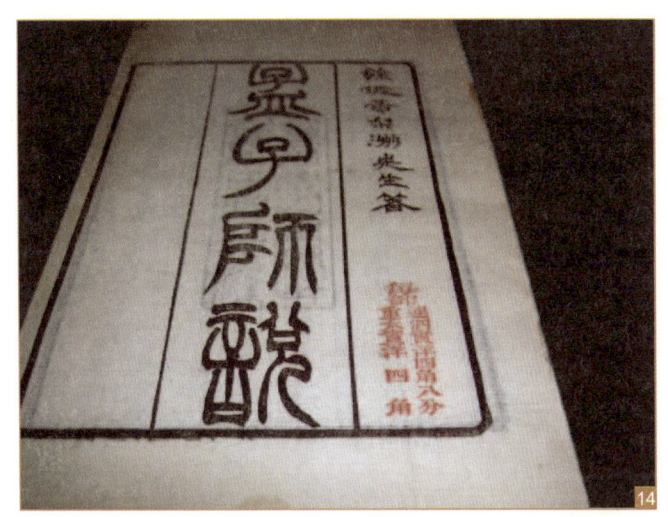

图⑭ 醉经阁精刻《孟子师说》

经阁的寓意,隋王通《中说·事君》云:"子游河间之渚。河上丈人曰:'何居乎斯人也?心若醉六经,目若营四海。'"后来就用"醉经"指潜心经学。

《宋元学案》由浙东学派的开山鼻祖黄宗羲草创,其子黄百家续撰,全祖望增补,惜一直未刊印。全祖望去世后,《宋元学案》稿本归其弟子卢镐。冯云濠从卢镐之孙卢杰处获得,即与鄞县王梓材共同校定,并于道光十七年(1837)至十八年刊印布世,大有益于学界。

在校定《宋元学案》的过程中,冯云濠、王梓材"见诸儒学派有未尽葺者",复又利用醉经阁所藏之丰富图书,广辑所遗,成《宋元学案补遗》四十二卷,后增至一百卷。王梓材《宋元学案补遗跋》云醉经阁所藏"宋元儒文集不下百数十家,借是以详校学案,无待旁借于诸藏书旧家者。即补遗之辑,亦是阁有以成之也。"《宋元学案补遗》一书后归屠氏古娑罗馆,民国年间为约园张寿镛所得,历经五载,一校再校,最后收入《四明丛书》。冯云濠又得到姜宸英《上方山诗卷》和禹之鼎所绘姜宸英、徐元文、朱彝尊小像,勒石上墙,为士林所重。

醉经阁在今慈城五马桥畔,环境幽雅,秦师娄《醉经阁与抹云楼》云:"四周有高耸的封火墙,与宅第相隔,后有月池。1947

年,慈溪国民党临时军火库大火,波及冯氏第宅,第宅焚为废墟,而醉经阁屹然独存。"其藏书之管理,自冯云濠之后,为子孙共同所有,共同管理。从醉经阁的建筑环境、藏书管理之法,可见其是模仿天一阁的。有《醉经阁书目》一册,抄本,著录约六百余种,集部书为多。

藏书印有"五桥珍藏""慈溪冯氏醉经阁图籍"等。

自民国初年以来,其家保守不密,时有散出。1935年4月,经冯氏四房同意,检点遗存,共"九十八部,五千五百余本,计价值一千零八十元",拟整批出售给沪上书贾。后因传闻将售予日人,被县政府扣压,后由本地富商秦润卿购得,藏于抹云楼。

醉经阁直到前几年才被拆除,十分可惜。

图⑮ 钱杜绘醉经阁

(八)薄富贵而厚于书

> 余仅温饱,不能巨资购书,则惟自奉俭约,不为无益之费,辄遇异书,倾囊必购,人皆迂而笑之。余以为夙好在此,愿薄富贵而厚于书。

这是沈德寿在《抱经楼藏书志自序》所写,为典型的宁波藏书家求书访书之道。

沈德寿(1862—?),字长龄,号药庵,别号窳民,慈溪人。祖辈皆经商,尤以药业名。沈德寿19岁随祖父赴湖州新市镇,从宋世滋习文。其时他喜欢古人书画及历朝诸家尺牍,"遇有所获,必详其姓氏,识其真赝,采拾二十年来,属目者以数千计"。(《抱经楼藏书志自序》)而他对收藏发生兴趣则是在参观了湖州著名的藏书楼——皕宋楼之后。

光绪十年(1884),沈德寿赴湖州访陆心源,五十岁的陆心源见沈德寿年轻好学,为人儒雅,乃牵手登楼,"悉发其所藏",并授以收藏图书典籍之法。沈德寿在《抱经楼藏书志自序》中写道:"余弱冠时,好古人书画及历朝诸家尺牍,……至甲申春,余赴湖州,谒观察陆存斋,引余登楼,悉发其所藏之书,并劝余置书。余本性喜于此,益觉怦怦。"陆心源(1834—1894),字子稼,一字刚甫,号存斋,晚号潜园老人,浙江归安(今浙江湖州)人。咸丰九年(1859)举人。同治年间,先后执掌广东南韶连兵备道兼管水利关务;闽盐法道,主管军政洋务及税厘通商诸局,并总办海防事宜。光绪初,因交恶上司被革职。遂潜隐乡居二十余年,"专意著书,与古人争寻章摘句之乐,不与今人竞奴颜婢膝之容"。其皕宋楼藏书志藏宋元珍本,遐迩闻名,人皆羡之。据俞樾撰《陆氏墓志铭》载,有宋本二百余,元本四百余。

沈德寿参观了皕宋楼后,大开眼界,"心窃慕之",加之陆氏鼓动,遂有藏书之志。于是不久归里,在书市与藏书家中遍搜群书,遇到卷帙不完整和绝版的,出资精抄,十六年间,不遑他事。只求藏书。又从上海购得著名的慈溪二老阁流出之书,没几年,就积书达五万卷。陈邦瑞《抱经楼藏书志序》云:"同里沈君药庵性好聚书,乃遍访通都大邑、故家遗族,闻有善本辄购之,不惜重资。不数年积书五万卷。"于是在慈溪沈师桥故里构筑了藏书楼——抱经楼,并仿天一阁、卢氏抱经楼之法,整理上架,逐一编目。冯贞群《伏跗室群书题识》中则云沈氏"能别版本,蓄书颇富",经常更新书目,如果看到有旧版本,就把新的转让,如果两个版本俱佳,就都保存。

沈德寿与陆心源有很大的不同,他"身不膺簪组,名不出闾里","家仅中人产",但他的雄心和专心不在陆心源之下。难能可贵的是这样访得的书籍,沈德寿并不私秘之,凡有文人学士来访,总是"欢然引登书楼,开箧纵观,置酒讨论,娓娓不倦,即有人持去借阅,亦慷慨不靳"。这更是宁波藏书家开放心态的体现。

沈德寿编有《抱经楼藏书志》六十四卷,著录图书三万五千余卷,约一千四百五十种,编成于清光绪三十二年(1906)。内扉由杨兰言题写书名,慈溪陈邦瑞、镇海范寿金作序,沈德寿自

图⑯ 皕宋楼

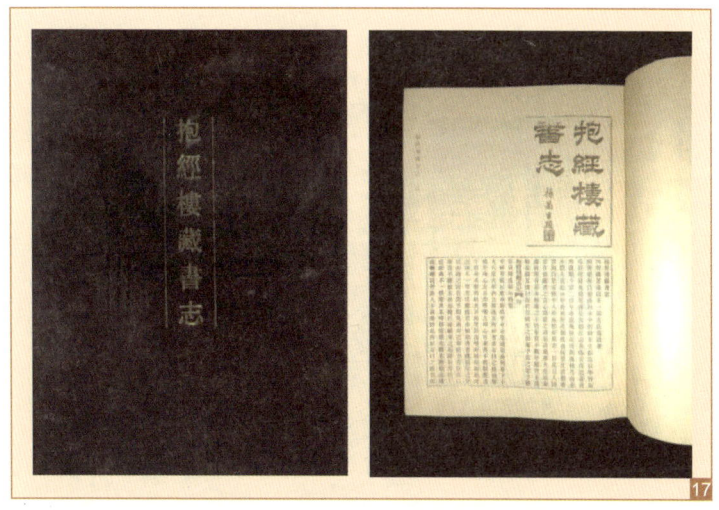

序。《抱经楼藏书志》仿《爱日精庐藏书志》和《皕宋楼藏书志》。《爱日精庐藏书志》是清代最有影响力的私家藏书目录之一,为常熟藏书世家张金吾所编,其特点是收书贵精,习见之书概不登载。其叙录内容也与众不同,一是著录详备,体例严谨;二是载录原书序跋、藏书题识不遗不繁;三是解题具有题跋的形式特征。由此开创了藏书志这个目录新体制。《皕宋楼藏书志》继承了张金吾开创的藏书志体裁,稍作变通。而《抱经楼藏书志》与上述二志又有所不同,"唯上述二志断自明朝,此志则延及清代,专载旧椠旧抄之流传罕见者,每书皆有解题,并兼收诸书序跋,登录前人手迹题识、校雠岁月,于考证古书源流足资参考。"沈德寿在《抱经楼书目记》中云:"愿吾子孙,继继绳绳,相承弗替,是予所厚望也。"不过抱经楼也逃脱不了历史的宿命,早已书去楼空,幸有其藏书志广播人间,成为研究藏书文化的重要资料。

图⑰ 《抱经楼藏书志》

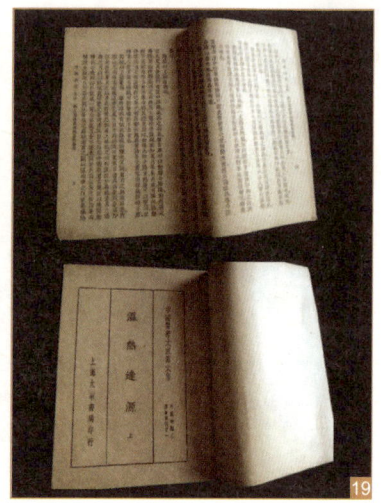

（九）访购医籍集大成

藏书楼不是图书馆,藏书家随个人兴趣,各有专藏。在专藏中较有成就者,曹炳章算一位。

曹炳章(1878—1956),字赤电,鄞县人,居曹妙乡曹隘村。自少随父业商,于中药铺当学徒,业余习医。复从慈溪名医方晓安游,授读《内》《难》《伤寒》《金匮》《本草》及金元四大家医书,历时七年,始得门径,于绍兴设诊所。虚心好学,与其时名医王馥源、邵兰荪、何廉臣相过从,医术日精,医德日高,声誉鹊起。1923年,与何谦臣创办绍兴医学会,翌年与人合编《绍兴医药学刊》。主编《医药卫生报》,协助主编《绍兴医药学报》,举办朔望汇讲,切磋交流。1949年后任《浙江中医药》月刊总编辑。著有《奇病通考》《生殖奇谈》《预察婴儿寿夭》等。

曹炳章专藏中医药书籍。民国《鄞县通志》记载他自设诊所,诊资所入,养家而外,尽量访购医籍,在鄞城、绍兴搜得三千五百种,又向北平、南京、苏州、上海、日本选购未备。其藏书处曰集古阁。

自民国三年(1914)起,曹炳章费时二十余年苦心搜罗几千种中医药古籍,编成我国近代规模最大之医学丛书《中国医学大

图⑳ 《中国医学大成续集》

成》。民国二十四年（1936），由上海大东书局出版，获极高评价，誉为"集医学之大成"。该丛书收书计三百六十五种，二千一百余卷，一千册，并出续辑、三辑。后因抗战事起，实出一百二十五种。此外，经曹炳章撰述、增订，或加按的医药学著作、医史学、医药论文集共三十四种。其著述之精、校勘之丰，在同时代医家中首屈一指。

曹氏所藏既多，编列简目，凡十卷，别为二十三类，新旧医药书籍计四千一百八十五种，博物类关于药物考证用书计六百五十五种，其他出借、新购教学未列者尚有百余种，都凡五千种之数，已成巨观。《鄞县通志》本传后附列其明清精刻、孤本、珍本、明抄本、校本、日本刻本及自著待刻之书四百八十种，分为十四类。

曹炳章所藏之医书于1952年全部捐赠给华东军政委员会卫生部，共三千四百多种。

（十）中华古物幸无损

> 栉风沐雨，倍历艰辛，古物幸得无损，其策画调度之功，昭在简册。

这是故宫博物院研究院朱家溍对故宫老院长马衡的评价。故宫博物院成立后，马衡即受聘襄与其事，迨易寅村去职，即由马衡掌院。抗战军兴，文物南迁，又辗转西运入蜀，马衡董理其事，功勋卓著。同时他自己也收藏碑帖图籍文物，后捐赠故宫。

马衡（1881—1955），字叔平，号无咎、凡将斋主人，鄞县人。其兄马裕藻攻文字，马衡精金石、善鉴赏，其弟马鉴、马廉并长文学，兄弟四人讲学南北各大学，俱有成就，一门俊彦，时人称为"四马"。

马衡 1922 年任北京大学教授兼研究所国学门考古研究室主任和导师，讲授金石学。时汉魏石经大量出土，深所致力，有《汉熹平石经论语尧四篇残字跋》《集拓新出土汉魏石经残字目》及其二编，《从实验上窥见汉石经之一斑》等著作。又尝从事"新嘉量"研究，有《新嘉量考释》一文，据此器以作《隋书律历

图 ㉑ 马衡

志十五等尺》。马衡素重实践，不惮辛劳，走出书斋，进行考察，成为中国近代考古学的先驱之一。郭沫若称其继承了清代乾嘉学派的朴学传统，又锐意采用科学的方法，使中国金石博古之学趋于近代化。他根据大量出土的甲骨、简牍、封泥、瓦当、写经、图籍等，于1923年写成《金石学概论》，对金石学的含义、对象、范围和方法等作了比较系统的论述，使古器物学成为一种科学。1933年至1952年任故宫博物院院长，对文物之搜集、展览、出版，贡献良多，特别是八年抗战期间，主持文物内迁，使珍贵文物免于落入敌手，筹划装运，备极辛劳。其著作已汇编成《凡将斋金石丛稿》，于1977年由中华书局出版。

马衡的藏书处曰凡将斋，又曰鲣庐。其所藏除书籍外，更有大量的"石头书"——碑之拓本。马衡去世后，其家族遵嘱将凡将斋收藏之金石拓本900余件悉数捐献故宫博物院，其中有清代和民国年间出土和访得的碑版、墓志、造像记、题名、刻

图㉓ 印文右起为：马衡楷书 四明马氏凡将斋珍藏印 鄞马氏凡将斋藏书

经诸项，很多拓本上都留有马衡撰写的题识，具有十分重要的研究价值。

马衡还是中国藏书文化范畴之一的中国书史研究的开拓者，其著作《中国书籍制度之变迁》为较系统地研究中国书史的开创性著作。其开篇曰："书籍为介绍文化之工具，其制度变迁之历史应有研究之价值。惜年代久远，书阙有间，欲求完全而有系统之知识，实属不易。所幸载籍之记录，实物之流传，虽属东鳞西爪，尚可得其大较。吾之所谓制度，是指材质与形式而言，并不包括撰述或流传方面。近代对此问题，已有不少研究，并各有其贡献。关于最古者有王静安之《简牍检署考》，关于近代者有《书林清话》中之几节。今采取两家之说，益以后出之资料，更参加己见，草成此篇，以见书籍制度变迁之程序。"这一著作为以后的研究奠定了基础。

图㉔ 蒋氏故居

（十一）一生皆读圣贤书

蒋介石（1887—1975），中国国民党当政时期的党、政、军主要领导人。名中正，字介石，学名志清。1887年10月31日生于浙江奉化。

乐亭建于文昌阁原址，当地人仍称文昌阁，是蒋介石在溪口镇上的一处私人别墅和藏书楼，两层殿宇式楼房，建筑面积436平方米。1925年蒋介石亲撰《乐亭记》记述了其地景色和改建初衷，其文曰：

> 武岭突起于剡溪九曲之口，独立于四明群峰之表，作中流之砥柱，为万山所景仰，不偏不倚，望之岿然。其独以武岭名者，殆取义于武德，即其地以况其所居人耶！岭上古木参天，危崖矗立，其下有溪水潆洄，游鱼可数，牧童渔父徜徉其间，乐且无穷，其幽静雅逸之景象，窃比世外桃源无事他求矣。而隔溪之绿竹与岭上之苍松，倒影水心，澄澈皎洁，无异写真，其有岁寒君子之逸致乎。
>
> 旧有榭阁，名曰文昌，规模狭陋，无足以游驻者。甲子春，余还里扫墓，见其楹栋欹斜，行将就圮，乃堪地绘图，亟

思有改造之。吾兄锡侯欣然赞焉,爰董其事。命匠鸠工,建亭三楹,落成之日,嘱余名之。余以其位在山水之间,凡远方同志来游者,莫不徘徊依恋而不忍舍,盖无间乎仁与智,皆有乐于此地,乃取其义而名之曰:乐亭。甚愿吾乡同志,朝夕游乐,顾其名而思其义,因观感而有所兴起,卓然自立也,庶不负今日改造斯亭区区之意也夫。

蒋介石重建文昌阁,初衷可能如《乐亭记》所说,是供"吾乡同志,朝夕游乐"。但1927年12月与宋美龄结婚后,回乡常在此居住,遂成了他的私人别墅和藏书楼。

蒋介石对儒家经典十分重视,藏书中有相当一部分是这类书。据《蒋介石年谱》记载:他1892年入私塾,1894年读《大学》《中庸》,1896年读《孝经》,1897年读《春秋》《左传》,1898年读《诗经》,1899年读《尚书》,1900年读《易经》,1901年学作策论,1902年温习《左传》,圈点《纲鉴》,1903年到县城就读,肄业凤麓学堂,受新式教育,1905年到宁波箭金学堂读《古文观止》《东莱博议》及"周秦诸子"、《说文解字》《曾文正公集》等,课余自习《纲鉴易知录》,1906年正月,又到奉化县城龙津学堂读书,是年4月东渡日本。从上述记载可知,蒋介石青少年时代深受儒

家思想之影响。后来,他对儿子蒋经国、蒋纬国的教育也特别重视,尤其儒家经典,把《孟子》和《曾文正公家书》作为反复深读之经书。因此上述书是文昌阁中的必备之书。

此外,蒋介石十分崇拜中国历史上能领兵打仗的文人,最钦仰王阳明和曾国藩,对王、曾的著作搜罗齐全。1937年4月,蒋经国从苏联回国后,蒋介石还指定他重温《王阳明全集》《曾文正公家书》等。

图㉖ 位于奉化溪口的蒋介石私人别墅和藏书楼

图㉗ 清防阁捐赠的碑帖

（十二）丛残碑帖费求搜

寝馈文章功绝少，
营求华屋愿终虚。
珍重石章供玩赏，
丛残碑帖费求搜。

这是杨容林吟咏自己生活的一首诗。

杨容林（1892—1971），原名荣邻，字容士，又字道宽，鄞县人。早年攻习经济，有志于振兴民族工商业，曾任宁波通利源油厂经理十六年，董事数十年。宁波通利源油厂为宁波早期地方工业"三支半烟囱"之一，在实业界有一定影响。又与人合办酱园，任太和酱园经理多年。

杨容林喜读书、藏书。年轻时自学英语和机械学，公余之暇以披览古籍、搜访文献自娱，晚年尤喜诵《庄子》和背诵古诗文。其藏书室名清防阁。

清防阁藏书开创于杨容林之父杨臣勋，时在清光绪年间。杨臣勋（1864—1911），原名炳翰，字竹书，号文蕉，又号仲孙，国

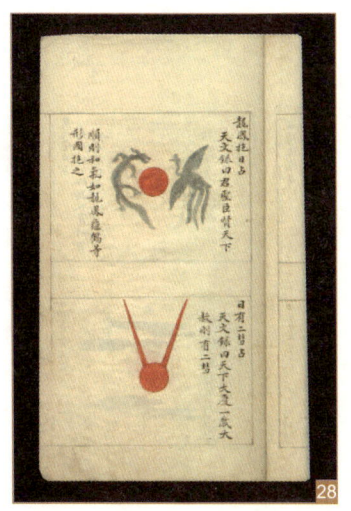

图㉘ 杨氏清防阁藏书

学生。善诗,有《客杭吟》《小楼新咏》《游沪小咏》等诗稿传世。其《自叹》诗深沉地表达了自己的思想感情,诗云:"予五试困于场屋,未卜何日受大宗师之知?"因屡试不利,一生以诗书自娱,过着"雅爱贸西结草庐,不闻不见故人疏"的生活,平时注意收集古文献、碑帖等。

杨容林承父遗书,又续有所增,尤其是购得同县张氏二铭书屋藏碑拓本,使清防阁所藏碑帖逾千种,形成了自己的收藏特色。二铭书屋为清代鄞县人张岱年的藏书楼。张岱年,字棣笙,性喜收藏碑帖,能鉴别真伪。收藏秦迄元碑帖千余种之多,其中有得自范氏天一阁和青浦王氏春融堂所藏。编有《二铭书屋碑目》。其碑帖多归清防阁。

清防阁原地宁波城西门外郎官巷。1948年将书籍移藏于中营巷四十四号,即今天一街五号。"文化大革命"期间,藏书被抄,幸赖文物干部收集保存,部分藏书得以免遭毁灭。1979年10月,杨容林之子杨祖白等遵其父遗愿,将古籍四百一十五部、字画二十五件和碑帖一千余通全部献给天一阁收藏。书多清代中期以后刻本,有善本书十余种,其中宋蔡正录辑、明弘治十年(1497)张鼐刻本《精选古今名贤丛话诗林广记》和明万历刻本阮大铖撰《和箫集》均为难得的珍本。此外尚有一批宁波地方

文献和宁波藏书家刻印的书籍。

　　清防阁藏书印有"清防阁"朱文方印、"鄞清防阁杨氏珍藏"朱文长方印、"四明杨臣勋字文蕉珍藏"朱文方印、"容士古稀"朱文方印、"杨道宽印"白文方印、"道宽"朱文方印等。

图㉙　印文右起为：杨道宽印　清防阁　清防阁校碑记

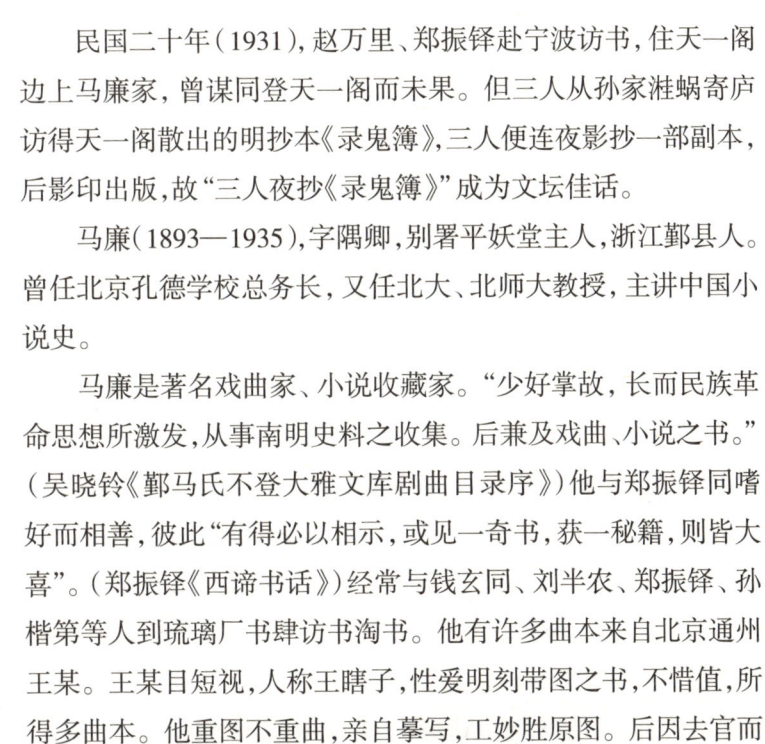

图㉚ 赵万里、郑振铎、马隅卿合抄天一阁《录鬼簿》

（十三）三人夜抄《录鬼簿》

民国二十年（1931），赵万里、郑振铎赴宁波访书，住天一阁边上马廉家，曾谋同登天一阁而未果。但三人从孙家滩蜗寄庐访得天一阁散出的明抄本《录鬼簿》，三人便连夜影抄一部副本，后影印出版，故"三人夜抄《录鬼簿》"成为文坛佳话。

马廉（1893—1935），字隅卿，别署平妖堂主人，浙江鄞县人。曾任北京孔德学校总务长，又任北大、北师大教授，主讲中国小说史。

马廉是著名戏曲家、小说收藏家。"少好掌故，长而民族革命思想所激发，从事南明史料之收集。后兼及戏曲、小说之书。"（吴晓铃《鄞马氏不登大雅文库剧曲目录序》）他与郑振铎同嗜好而相善，彼此"有得必以相示，或见一奇书，获一秘籍，则皆大喜"。（郑振铎《西谛书话》）经常与钱玄同、刘半农、郑振铎、孙楷第等人到琉璃厂书肆访书淘书。他有许多曲本来自北京通州王某。王某目短视，人称王瞎子，性爱明刻带图之书，不惜值，所得多曲本。他重图不重曲，亲自摹写，工妙胜原图。后因去官而贫，尽售于马廉，所得甚微。不久后悔成疾，卧床数载。伦明所谓"转怜王瞎穷难死，病榻应闻太息声"，即指此事。马廉所藏戏

图㉛ 印文右起为：鄞马氏廉隅卿所珍爱书 不登大雅之堂 鄞马廉字隅卿收藏图书

曲、小说之精，声闻中外，"所收小说《雨窗集》《欹枕集》《二十回平妖传》，戏曲如《明继志斋》《富春堂所刻传奇》，并天壤之秘籍，稀世之瑰宝。"

马廉之藏书处因小说、戏曲旧时不为人所重视，故名曰不登大雅之堂，又因藏有珍本《平妖传》而曰平妖堂。有"不登大雅文库"等藏书印。藏书目录有《不登大雅文库书目》一册稿本和二册稿本两种，著录小有不同。《鄞马氏不登大雅文库剧曲目录》，著录藏曲三百余种。其藏书后售于北京大学图书馆，共928种，5386册，分词曲和小说两大类，中多秘本。北京大学辟专室收藏。目录学著作有《鄞居访书录》稿本、《明代版画刻工姓氏录》。

20世纪30年代初，马廉回故乡养病，为抢救家乡珍贵文献作出了努力。民国二十二年（1933）7月，赵万里再访天一阁，获准为之编目，马廉先生参与其事。同年秋天，马廉从甬上大酉山房书肆买回一包残书，从中发现了从天一阁散出的明刻本《雨窗集》《欹枕集》。两书至民国二十三年由北平大业印书局影印传世，从而保存了即将失传的12篇话本作品。

马廉在甬养病期间，正逢宁波拆除城墙之际，出土了大量汉晋以来的古砖，多有铭文。马廉拾得古砖一千多块，称他藏砖的

地方为"千晋斋"。民国二十二年至民国二十四年天一阁重修，马廉也为发起人之一。天一阁重修竣工，马廉将所藏古砖悉数捐给天一阁。天一阁重修委员会就在尊经阁之西新修千晋斋以陈列晋砖，于1935年落成。马廉的捐赠之举，首开甬上藏家向天一阁捐赠的先河，其意义不可低估。天一阁之有今天，藏品日增，保护完好，马廉有模范之功。

图32 千晋斋藏砖

（十四）从来收藏所未有

> 慈溪张鲁庵为吾友赵叔孺入室弟子，笃好篆刻，抗心希古，辑香古今印谱四百余种，匧藏架庋，灿然大备，为从来收藏家所未有，壮者一奇观也。其用力之殷，囊括之富，良足多矣。

这是王福庵为《鲁庵所藏印谱简目》所作序中对于张鲁庵的印谱收藏的高度评价。

张鲁庵（1901—1962），原名锡诚，字咀英，慈溪人。其家为世传药业巨商，在杭州有同泰药行，在沪有益元参行，皆以规模宏大见称。张鲁庵自幼不乐行商，志耽风雅，好诗文，尤嗜篆刻。27岁投于艺林泰斗赵叔孺门下，时聆听艺，所好益深。其《从师回忆录》云："余自幼喜弄翰，好篆刻，乡居时已熟闻赵叔孺先生名而慕之，恨未得见。旋转寓沪上，由林尔卿姻兄之介，始谒先生于虹口嘉兴路华盛顿里。余即以所刻印请益，先生曰：'天资好而学不足，宜多读秦汉印，以广见识。'余乃取十钟山房、铜鼓书堂印谱，朝夕研摹。翌年以所作呈政。先生曰：秦汉印为篆刻之本，既知本矣，乃可博求诸家之法矣。引为小友，许列门

张鲁庵印

墙。"张鲁庵刻印初学赵次闲,囿于浙派。自从进入赵叔孺之门,受点拨启迪,始知门径,即钻研秦汉宋元,以至近代安徽邓石如诸家,广收古印及历代印谱,以备参考。每有收获,即叩师门,请师审定,并与诸同学切磋辨析,积年既久,所获渐多。张鲁庵刻印,工秀隽雅,唯古玺汉印及明清诸家无不取法,然实以得于邓石如为多,只气势稍欠遒迈。有《鲁庵仿完白山人印谱》等。

张鲁庵对于印坛的贡献,主要在于印学资料的搜集与流布,其望云草堂所藏印谱达四百余种,成一罕见的专藏。其所藏印谱中,明刊本三十余种,清初及乾嘉刊本百余种。光绪成谱之《十钟山房印举》,张鲁庵以一千四百元购得一部,其时价值已不啻宋刊元椠。高式熊根据张鲁庵所藏,编成《鲁庵所藏印谱简目》,分秦汉以来官私印谱、摹刻官私印谱、各家篆刻印谱、各家所集印谱四卷,张鲁庵据自己所藏印辑制的谱目附于后。

在张鲁庵的印谱中还有一类是他据所藏印集拓成谱的。张鲁庵收藏有古今章四千余钮,中有何雪渔、邓石如、西泠八家、吴让之、赵之谦、黄牧甫、吴昌硕等名家刻印,精品甚多。其集拓成的《秦汉小私印选》《何雪渔印谱》《张氏鲁庵印选》《退庵印记》《金垒印摭》《横云山民印聚》《黄牧甫印存》《钟矞申印存》《松窗遗印》等九种,也极其珍贵。

图㉞ 印文右起为:鲁庵所藏印谱 张氏望云草堂所藏印谱之记 四明张氏望云草堂甲子以后所得书 鲁庵鉴藏

张鲁庵收藏有如此众多的名印佳谱，并不秘密珍惜，同好有借观者，均乐于提供，甚或主动轮番送至后辈家中，以备参考，其开放如是。张鲁庵逝世后，其子秉承遗志，将所藏尽数捐赠给西泠印社，以飨印林。西泠印社专辟望云草堂以藏之，并以示纪念。

【四】

藏书名楼甲一方

图① 史守之墓前神道文臣

（一）鸿禧碧沚最有名

　　忠宣在北，鸿禧在东，绣衣长桥，碧沚芳丛。……藏书之富，南楼北史，宛委之山，不过尔尔。……宣献东楼、鸿禧碧沚最有名。

这是全祖望在《湖语》中对月湖之畔"南楼北史"的评语。

史守之（生卒年不详），字子仁，自署九六子，史弥大之子，鄞县人。以承事郎监平江府粮料院。从杨简、袁燮游学，以朝奉大夫致仕。对其叔史弥远对金屈膝求和及其所作所为大为不满，退居月湖，杜门讲学。又学古文于楼钥。不与时偕，以道自任，奸相史弥远甚畏之，如果要做什么违背道义的事，就告诫其家人不要使十二郎史守之知道。其为人若此。

史守之之碧沚"牙签最富"，"牙签"指藏书，大概是因为旧时人们用象牙等制成图书标签，系在书卷上作为标识，以便翻检。宋宁宗赵扩亲书"碧沚"两字赐之，是当时最著名的藏书楼之一。"碧沚"坐落于月湖北岸，四周景色秀丽，楼钥有诗云：四面楼台相映发，一川烟水自湾环。又云：旧说夕阳无限好，比中

图② 碧沚

更得夕阳多。

　　史守之出身藏书世家,其祖史浩(1106—1194),也曾建阁藏书。史浩,隆兴元年(1163)为尚书右仆射。淳熙五年(1178)复为右丞相,五年后,除太保致仕。辞官后在月湖修筑住宅。皇上特书"明良庆会"名其阁,"旧学"名其堂,故有"旧学""复隐"印章。《清河书画舫》有载:"碧沚"字印,宋通直郎史定之所用,定之,越国公浩孙,礼部侍郎弥大子,卫王弥远之侄,仕终朝奉大夫。中年避势远嫌,退处月湖,与慈湖诸公讲肆为乐,宁宗御书"碧沚"二字赐之,盖清修好古之士也。这段记载交代了"碧沚"之称的来历以及蕴含的寓意。

　　史守之的藏书更是达到了空前的规模。全祖望《湖语》云:"忠宣在北,鸿禧在东,绣衣长桥,碧沚芳丛。"又云:"藏书之富,南楼北史,宛委之山,不过尔尔。"其自注云:"宣献东楼、鸿禧碧沚最有名。"他在《碧沚杨文元公书院记》中也云:"淳熙四先生,吾鄞得其三,沈端宪公、杨文元公、袁正南公也。文元之馆于碧沚,以史氏也。先是,史忠定王馆端宪于竹洲,又延文元于碧沚,袁正献公时亦来预。忠定既逝,端宪、正献亦下世。忠定之孙子仁不满其叔弥远所为,退居湖上,复请文元讲学,故其居碧沚也甚久。碧沚牙签最丰,文元因思修群书以正邪说,未就而卒。"

可见碧沚不仅是史守之藏书之地，也是文人学士讲学、治学之所。史守之的藏书，后多流入江苏。明代江苏藏书家文徵明《跋宋通直郎史守之告身》曰："越国公（史）浩孙，仕不甚显。今吴中藏书家所收古书，有旧学史氏及碧沚者，多其遗书。"史守之的藏书据后代书目所记有宋刻《三礼图》、宋陈起刻书棚本徐度《却扫编》及《艺文类聚》《通鉴考异》、宋本《九家集注杜诗》等。

史守之的藏书印有"史氏家传翰苑收藏书画图章""旧学史氏复隐书印""碧沚""旧学图书""旧学史氏后隐"等。

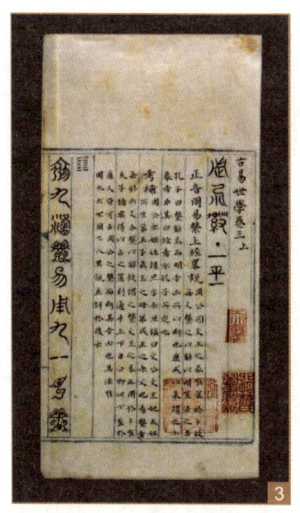

图③ 天一阁抄本《古易世学》

（二）元祐以来之图书

> 丰氏为清敏公之裔，自宋元祐以来，代有闻人，故其聚书之多，亦莫与比。

这是黄宗羲《天一阁藏书记》中对丰氏万卷楼的描述。

在宁波的藏书史上，传承最久的藏书楼是丰氏万卷楼，而非天一阁，万卷楼传至丰坊已十五代了。

丰坊（1492—1563），字存礼，又字存叔、人翁，号南禺外史，后更名道生，明鄞县城西隅马园人。少警敏好学，喜书法。正德十四年（1519）中乡试第一（解元），嘉靖二年（1523）中进士，授礼部主事。次年随父偕廷臣谏"大礼仪"事（反对立嘉靖之父为太上皇），受廷杖，出为南京考功司主事。嘉靖六年，又贬为通州同知。后罢官归里。仕途失意，遂刻意著述、深研书法。长于书法，篆、隶、行、草、楷五体兼善，尤长草书，自成风格。时人文徵明称"丰先生一点一画无不自古人中来"，冯梦祯则称"本朝知书者，推丰吏部"。他又喜好藏书，且嗜碑帖，为了购碑帖，而将家中千亩田尽数卖出。当时丰坊与天一阁主人范钦交往甚密，两家为

图④ 丰坊万卷楼遗址碑

互补各自藏书之缺，而有过互抄藏书之约。

丰坊还为天一阁作过藏书记。聚书达五万卷，故名藏书楼为"万卷楼"。丰坊晚年得"心疾"，放诞任气，所藏宋椠本、抄本，被门生辈窃去十之六七，后复遭大火，所存无几，最后将幸存之书籍珍帖及月湖碧沚住宅尽售于天一阁范钦。书厄是书籍的灾难，令人痛惜。书厄有天灾也有人祸，书厄中最大的灾难是火灾，宁波的藏书家中，城西草堂所有藏书毁于一炬，丰坊万卷楼之火让藏书所剩无几，孙矿的月山旧庐也毁于火……其次是水灾，虽然水灾之厄的概率没有火灾高，但后果也是相当严重的，会导致书籍变形、霉变。书厄的人祸包括战争、偷盗、抢劫……

丰坊万卷楼藏书从何而来呢？据全祖望《天一阁藏书记》记载："盖万卷楼之储，实自元祐以来启之。"民国《鄞县通志·文献志》"明丰坊万卷楼"条也云："丰氏藏书肇自北宋。"考于史籍，丰氏乃宋时甬上史、郑、楼、丰四大姓之一，为名门望族，以名德享誉士林。北宋的丰稷为丰氏的中兴之祖。据《宋史·本传》记载，丰稷字相之，宋嘉祐四年（1059）进士，任谷城县令，以廉明著名。元丰元年（1078）曾随安涛出使高丽。回国后调知

丰坊印

图⑤ 印文右起为：丹山赤水　人生一乐　文王子孙　四明

封丘县，后迁御史，弹劾不避权要。历任著作佐郎、刑部侍郎兼侍讲。后又出使辽国，不辱使命，旋接任左谏议大夫、御史中丞。蔡京当权后，遭排挤，官职越降越低，终至罢官归里，卒年75。至建炎三年（1129），追复其为枢密直学士，谥清敏。终其一生，除勤政为民外，"以枢密之贵，独处一室，恬无他好，惟以图史自娱"（宋袁燮《丰清敏祠记》），开创了丰氏家族的图书收藏之业。

丰氏自丰清敏以后，历元迄明，代有闻人，故其收藏之富，甲于江浙。据记载，清敏之子为安常，安常之子名治，监仓扬州，死于金难，高宗赐以恩恤。治之子名谊，官吏部，以文名。谊之子名有俊，以讲学与陆九渊（陆象山）、杨简（慈湖先生）交情最好，亦官吏部，并由甬上迁居绍兴。有俊之子名云昭，官广西经略。云昭之子名稌，稌之子名昌传，并以学行为时师表。昌传之子庚六迁居奉化，庚六之子茂四又迁居定海，茂四之孙寅初，明建文中官教谕。寅初之子庆，眷念先畴，复迁鄞（甬）定居。在家族的动迁中，图书始终陪伴着他们，其中丰有俊、丰庚六、丰茂四、丰庆四人功不可没。尤其是丰庆，使"元祐以来之图书，由甬上而绍，而奉化，而定海，复归甬上"。

丰庆官河南布政，其子丰耘，官教授。丰耘之子丰熙，官学士。丰熙之子即丰道，生丰坊。他们虽曾历官外乡，但未曾举家迁徙，图书始终留在甬上。丰坊后来将所存之书售予天一阁，使它们的生命在天一阁里得到延续，为甬上文化的积累做出了自己的贡献。

丰坊为丰稷（清敏）的十五世孙，丰氏藏书从丰稷至丰坊历十六代，若从元祐年间（1086—1094）算起，到丰坊（1492—1653）晚年售予范钦止，历时470年左右。而范钦的天一阁藏书从他传至其十二世孙范鹿其（至1949年归国家所有），若从范钦28岁中进士的嘉靖十一年（1532）算起，约为410余年。若从范钦建楼年间（1561—1566）算起，还不足400年。因此，从家族传承图书的角度讲，丰氏为十六代，约470年左右，范氏为十三代，约400年。显然，中国传承最久的家族藏书应为丰氏万卷楼内的藏书，而不是范氏天一阁藏书。故前人有云：鄞县好古，藏书之家，丰氏而后推范氏。

（三）藏书高阁揽湖烟

藏书高阁揽湖烟，御笔曾题一洞天。
沿有白鸥庄外柳，风流宰相至今传。

这是李邺嗣《竹枝词》咏余有丁藏书之事。

余有丁（1527—1584），字丙仲，鄞县人。嘉靖四十一年（1562）进士第三名（探花），授翰林院编修，草诏敕。隆兴时授实录纂修官，升洗马兼修纂，又升左谕德兼侍读。万历初任南京国子祭酒，手校"二十一史"，重新印刷。升太常卿兼国子祭酒。又在礼、吏两部任侍郎，充会典副总裁。万历十年（1582）任礼部尚书兼文渊阁大学士，参与最高机务。张居正又荐余有丁为相，与张四维、申时行共事，彼此毫无猜嫌。晋太子太保，累晋太傅兼太子太傅、建极殿大学士。卒后谥文敏。

余有丁喜访山水，遇有佳著，则汇编成帙。初以江南学士乞假归里，在东湖买山，即月波寺废址，建造了五柳庄。李邺嗣《甬上耆旧传》曰：

买山东湖中，薙草得一古洞口，以杖叩之，音铿然。为爇火入洞，则岈然乳四垂，德年伏翼，触烟而出。乃披道抗丘为湖居。更依洞门筑一台，受湖光淡荡，时泛舟往来。起白鸥庄，在水口，每四方名士至，辄相延接。与极游湖山佳处。既载肴馔，兼携丝竹唱咏，传一时江左风流。

余有丁五柳庄以神宗御书"名山洞府"四字为坊，园曰"日涉"，扉曰"常关"，镌古松曰"盘桓"，左垣有穴曰"犹存"，径右曰"不远途"，堂曰"归来"，左曰"遗世居"，右曰"情话室"，其一丘

一壑一牗皆以陶渊明《归去来兮辞》中语命名。因门外植五柳，故名曰"五柳庄"。余有丁撰有《五柳庄记》。余有丁五柳庄的繁盛，一时没有园亭可与之相比，原可坐享湖山、坐拥书城之乐，可任命又下，于是复出，不得遂其初愿，最后殒命京师，有遗作《余文敏公文集》，安葬在东钱湖南岸郭家峙隐学山麓。而五柳庄所藏的古籍也都随之消散。

余有丁之藏书处曰觉是斋。七楹一间，左右壁下装书柜，窗下设一张读书桌和读书椅。余有丁生平校书颇为严谨，南监本"二十一史"经其校勘重印，多其题识。

今东钱湖有"余相书楼"，即五柳庄，为钱湖十景之一。有诗云：

　　五柳庄开僻地幽，高低亭榭接书楼；
　　而今零落埋荒草，剩有波声带月流。

图⑦ 余有丁墓道石刻

图⑧ 天一阁南轩

（四）桂井牙签比邺侯

桂井牙签比邺侯，大参门第白檀留。
荒亭洒尽兴亡泪，碧血书囊吊髑髅。

　　这是叶昌炽《藏书纪事诗》对月湖之西桂井巷陆宝藏书的开篇。邺侯为唐朝李泌，贞元三年（787），拜中书侍郎、同中书门下平章事，累封邺县侯，时人呼其"邺侯"。其搜罗书勤，家富藏书，且多为书祖，很少有人能与之比肩。后来，人们在称赞他人藏书之众时，喜用此典。如宋时周密《齐东野语·书籍之厄》："若士大夫之家所藏，在前世如张华，载书三十车；杜兼聚书万卷，韦述蓄书二万卷；邺侯插架三万卷……皆号藏书之富。"明朝何景明《蓉溪书屋》诗："一经韦相业，万卷邺侯家。"

　　把陆宝南轩藏书比为邺侯家，可见其地位。

　　陆宝（生卒年不详），明末藏书家。字敬身，一字青霞，学者称为中条先生。陆氏为甬上四姓之一，其家在月湖之西畔（今桂井巷），称桂井陆氏。门施棨戟者相望，可谓人才辈出，里人各以其房别之，陆宝为给谏房。陆宝少喜诗，屠隆与沈泰鸿引为小友。以太学高等,授舍人,典诰敕。后以母老乞养而不复出。所居有双桂,皆藤本,陆宝使人环而结之,其状如桂络,故鄞人称其为桂井陆氏。著有初集曰《霜镜》,次集曰《辟尘》《悟香》,唯初集行于世。其宅曰辟尘居,藏书楼曰南轩,藏书甚富,多异书,仅亚于范氏天一阁和陈氏四香居(云在楼)。有"南轩书屋"藏书印。

全祖望在《中条陆先生墓表》中称:"先生藏书最富,多善本。吾乡以藏书名者天一阁范氏,次之四香居陈氏,又次之则先生南轩之书也。"后清军入关,倾家输饷以支持抗清。入清后披发入山,陆宝的后人守家不成,青毡故物包括所藏之书都四散了。全祖望于南轩飘零之后撷拾之,曾得到南轩散出之宋版《开庆四明志》《宝庆四明志》及元人吴澄的《草庐春秋纂言》,此三书"皆世间所绝无"。由此可以推想陆宝南轩所藏宋元版书之丰富。

今天一阁书画馆内有南轩,与云在楼一样,非原物,仅为借名之建筑,聊表对甬上藏书先贤的怀念。

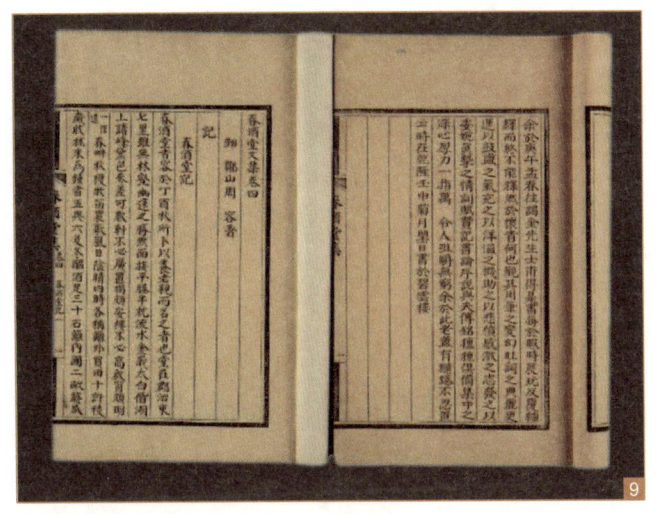

图⑨ 《春酒堂文集》

（五）诗酒人生介眉寿

虽无林壑幽邃之胜，然面接平畴，半枕流水，金峨、太白偕湖上诸峰，黛色参差可数。春耕秋获，牧笛农歌，风日阴晴，四时各称。每夕阳未沉，渔艇直达北户下，或鲤，或鲈，或虾蟹，易日互见。

这是周容作于康熙丁未年（1667）的《春酒堂记》，周容之春酒堂环境幽雅、清静，具田园风光，直令人以为进入桃花源。

周容（1619—1679），字茂三，一字鄮山，鄞县人。明诸生。生而慧甚，学使试其文，文笔奇丽，令人为之惊叹。又工诗，曾以谒钱谦益，被誉为才人。明亡，弃诸生，一度落发为僧。还俗后，放浪于酒，无日不饮，无饮不醉，并嬉笑怒骂，人以徐渭视之。后为求御史徐殿臣被下狱拷打而致躄足，遂自署"躄翁"。此后隐居不仕，所交皆明遗民。其负才使气，踪迹遍于中国，所至题诗留念。又纵横古文辞，精于画，工于书法。小幅山水淡远空灵，神气深厚，天趣飞翔；书法敛锋芒于浑朴之中，得者皆珍若拱璧。时称其"画胜于文，诗胜于画，书胜于诗"。康熙十七年（1678），同里史大成在京为官,招至京城。时方举博学鸿词,朝臣争相荐举,以死力辞。次年客死于京。所著有《翁洲死事诸公传》《春酒堂文集》《春酒堂诗集》《诗话》等。

春酒堂在鄞县县治东七里垫,原是周容为供养老父周召在顺治丁酉(1657)年而建。周召,字太望,兵乱隐居,潜心理学,著述丰富。春酒堂之名,乃是周容根据其父之意,取《诗·豳·七月》第六章"六月食郁及薁,七月烹葵及菽,八月剥枣,十月获稻。为此春酒,以介眉寿……"而命名。额为周容长子周阿长所书。

周容祖孙三代在春酒堂共享"极人之乐的天伦之乐"。每当周容应人所求,无论碑、序、志、铭,草就后呈其父,或高声朗读,或有字句稍凝滞,即互相推敲,得而后已。或临池泼墨作行草书,周召便携孙为语笔法。一家其乐融融,为士林所钦羡。

春酒堂的楼东贮经、史、庄、骚千余卷,唐、宋石刻百余种,墨迹山水、花竹数十轴,收藏品十分丰富。

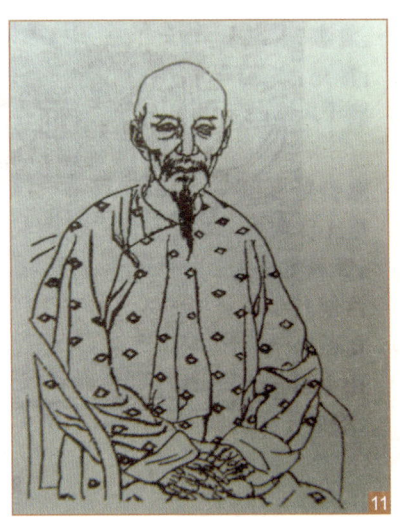

图⑪ 陈撰

（六）玉几金峨无恙在

烟波四面阁玲珑，第一登临是太冲；
玉几金峨无恙在，买舟欲访甬句东。

这是叶昌炽在《藏书纪事诗》中对1672年黄宗羲首次登天一阁后出现情况的记录。其"玉几金峨无恙在"句提到了两座藏书楼，其中一座为玉几山房，就是扬州八怪之一的陈撰在杭州的藏书楼。

陈撰（1678—1758），字楞山，号玉几，鄞县人。侨居钱塘，为国子监生，性孤洁，喜藏书，精于鉴赏文物。乾隆元年（1736）征举博学鸿词，通政使赵之垣闻陈撰之名，荐于朝，陈撰辞不赴，以收书画自娱。其才气超群，书画极精，每一纸落入民间，收藏者珍若拱璧。晚年游江淮间，寄食扬州，为盐商清客，三十至五十岁，在项氏玉渊堂；五十至七十岁，在程氏筱园；七十至八十岁，在江氏康山草堂。黄宾虹《古画微》首次把陈撰列入扬州八怪之中，与李鱓齐名，与金农友善。其诗多凄凉断肠之音，有《玉几山房吟卷》三卷，又有《玉几山房听雨录》一册，是一部

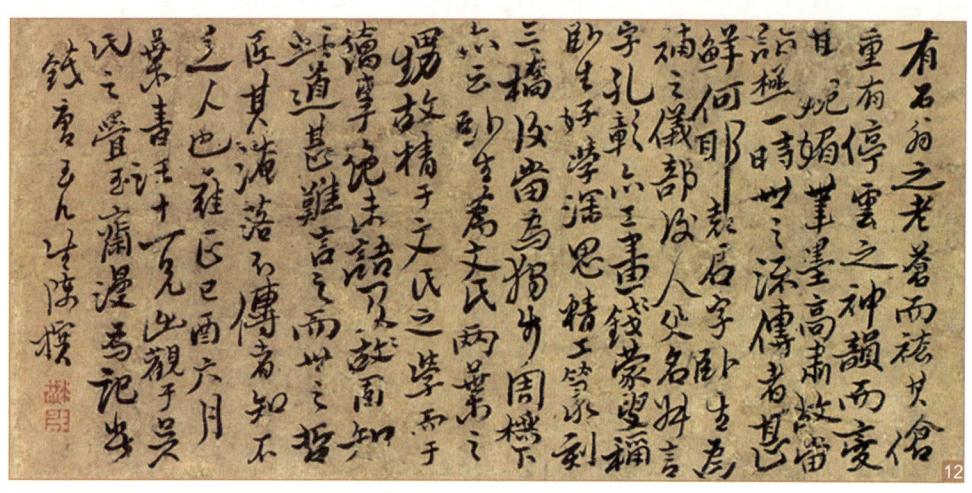

关于杭州掌故的笔记,所编《玉几山房画外录》是一部前人题画、评画的资料集。

陈撰在杭州期间为毛奇龄的弟子。毛奇龄是当时士林中有名的"文中三豪"之一,又是一位教育家,因材施教,能文的授以文,能诗的授以诗,能画的授以画,使陈撰得到了很好的发展。陈撰在杭州有一间安静的书斋,号"玉几山房"。玉几是一种可供扶倚的玉饰小案,从前多为帝王所用。陈撰用"玉几"来命名自己的书斋,是因为他真的收藏有一张玉饰小案,还是他想以此来比拟自己坐拥书城如同南面称王?不得而知。玉几山房虽然藏书不多,但十分雅洁明亮。金农常来这里闲坐,有时也在这里作画。金农曾说:"偌大杭城,要论风雅有致、清静无人之处,恐怕非玉几山房莫属了。"陈撰以玉几山房为舞台,结交了不少好友,除金农外,还有厉鹗、丁敬、陈章、杭世骏、姚世钰等,皆一时钱塘名士。

杭世骏为陈撰写过一篇《玉几山人小传》,载于《玉几山房吟卷》之首,其文曰:"玉几山人者,钱塘陈撰楞山也。自言鄮人,家世系出句甬,居杭非一世矣。性孤洁,不肯因人以熟,煦显荣而侈冷汰。诗有逸才,天然高淡,不琢自雕。读书不多,室无储籍,卒然语及,辄能条其出处,亦未尝见其挟一册咿唔也。游道甚广,

陈撰印

胸中无轩冕。"寥寥几笔，就写出一个高古淡雅的陈撰来。不过说陈撰"读书不多，室无储籍"，自是一种反话，意在表明陈撰不是那种死读书的人，而是那种有灵心的自由自在的读书人。

陈撰在扬州期间除了结交文人，过诗书画的清淡生活，帮人鉴定古玩之外，还曾校订、刻印过古籍。在当时，清客为主人校书，甚至替主人编书，是常见的事。校书、刻书是一件需要常识修养的事，也是一件烦琐艰辛的事。清客为替主人代劳者，往往既无名，也无利。可是对于文化的积累，毕竟是有益的。在玉渊堂，陈撰校订了不少古籍，后来都以玉渊堂的名义雕版刻印了。《重修仪征县志》云："(陈撰)馆真州项氏三十年，玉渊堂所刻《水经注》《山海经》《何水部》《王右军》《韦苏州》《姜白石》诗诸善本，皆其所校订者。"涉及面之广，也可见陈撰腹笥之广。

陈撰的藏印比较多，从印文内容看，可分两类，一类是姓名字号，有："撰""陈撰""臣撰""陈撰之印""楞""山""楞山""棱山""陈撰楞山氏""玉几""玉几山房""玉几生撰""玉几陈撰""玉几山房印"等；另一类是闲章，有"癸卯""辛亥""琴香初地""苍江不极""绣铗斋""诗境""冷香飞上诗句"等。

图⑬ 印文右起为：玉几山房 琴香初地 冷香飞上诗句 陈撰楞山氏

（七）独抱遗经究终始

春秋三传束高阁，独抱遗经究终始。

这是唐代大诗人韩愈《寄卢仝》诗中的名句，卢址抱经楼之名，就取自此句。

卢址（1725—1794），字丹陛，一字青厓，浙江鄞县人，世居距月湖二里许之君子营，出身诗礼旧门，自少博学嗜古。年十九受知于学者长洲彭公，为诸生。乾隆十六年（1751），郡中大饥，输粟助赈，大吏以闻，得旨以贡生叙议，授中书科中书。中年时双目失明，遂绝意进取，专心图籍。袁钧《瞻衮堂集》说卢址生平喜欢收书，遇到善本，不惜重金购买，听说朋友有异书，一定会辗转借抄、日夜校雠，废寝忘食。于是乎"以故叶氏菉竹堂、丰氏万卷楼、毛氏汲古阁、祁氏澹生堂、汪氏古香楼、金氏文瑞楼诸旧本，如水归壑"。（黄家鼎《抱经楼藏书颠末记》）又得谢三宾博雅堂之精品、全祖望双韭山房之遗书，益恢广之。历三十年之搜罗，得书富达数万卷，计四十七橱，可与范氏天一阁相匹敌，所谓"数两浙藏书家者，范氏之外，知尚有卢氏，浙西抱经堂而外，莫不知有浙东抱经楼也。"（倪象占《抱经楼藏书记》）

抱经楼所藏有不少珍本。宋本有宋乾道刻本《春秋经传集解》三十卷、《开庆四明续志》十二卷；金刻本有《经史类证大全本草》存二十三卷；明刊明抄本居十之六七，有明抄本《修文殿御览》三百六十卷（为类书之最古者）、《册府元龟》一千卷、明十四朝《实录》、丰坊稿本《鲁诗世学》、文徵明稿本《宋儒粹语》、全祖望《四明文献》百四十卷（三十二册）、全氏手评《王荆公诗笺注》、沈炳震合抄《新旧唐书》、昆山徐氏进呈录副家藏本李焘《续通鉴长编》百八卷、抄本阮元阅《诗话总龟》九十八卷（系四

库底本)、叶盛菉竹堂、毛扆汲古阁递藏旧抄本《雅乐考》、明内府藏书《明伦大典》、钱谦益手稿《楞严经疏解》等,均为罕秘之本。

有《抱经楼藏书目录》十二卷,四册,著录九万零一百四十四卷。无解题,间有注,撮要举纲,简而不陋。有藏书印"抱经楼""四明卢氏抱经楼藏书记"。

卢址与天一阁的关系集中表现在其抱经楼"诸规制皆仿天一阁",在天一阁的历史上,卢址是学习天一阁最彻底的。首先是书楼的建造完全模仿天一阁。黄家鼎《抱经楼藏书颠末记》曰:"乃于居旁隙地构楼,修广间架,悉仿范氏。惟橱稍高,若取最上层,须驾短梯。四面有圃,圃外环以垣墙,略植花木,以障风日。"钱大昕《抱经楼记》也有类似记载:"兹楼之构,修广间架,皆摹天一阁。而子孙又多能读书者,日积益之,罔俾范氏专美于前,是所望也。"抱经楼建于乾隆四十二年(1777),其名取自韩愈《寄卢仝》"春秋三传束高阁,独抱遗经究终始"之句。其次是管理之法也照搬天一阁。黄记曰:"其保守之法,亦祖述天一阁。平时封锁,禁私开,禁烟火,禁出借。每岁伏日检曝,非云礽毕集不上楼。其所以无中随,无偏废,良有以也。"最后是与天一阁比藏书。清乾隆三十八年(1773)诏修四库全书向全国征书,范钦八世孙进呈图书六百三十八种,深得高宗弘历欣赏,嘉赏《古

图⑭ 印文右起为:抱经楼 抱经楼 四明卢氏抱经楼藏书印

藏书名楼甲一方

今图书集成》一万卷"以为好古之劝"。卢址当时也曾呈缴遗书二十余种,但《四库全书总目》中未见卢氏之书,不知何故。总之,他羡慕天一阁有《图书集成》,竟至北京购得《图书集成》底稿,以与范氏天一阁比衡,当时一为底稿,一为赐书,竞美一时,甬上引为艺林佳话。而且当时卢址是破产遣群从入都市求购。书到,"衣冠迎于门,其结癖之深如此"。(黄家鼎《抱经楼藏书颠末记》)

卢址虽然竭力照搬范氏天一阁的全套做法,但其藏书最终并没有像天一阁那样幸运地传承下来。其书在咸丰十一年(1861)太平军下宁波时被掠,书虽归阁,但历经曲折。据叶昌炽《藏书纪事诗》记载,因为藏书楼在东南边,幸免于战火,有奸民乘机煽动引诱土匪,劫掠了全部藏书,卖到外地,被常镇同知、同邑杨憩棠看见,花了两千六百金购回。战火平息后,学使呈和甫听说这件事就嘱咐陈鱼门劝杨憩堂把书物归原主,因为陈鱼门与他有交情,杨慨然应允,不收分文。至民国初年,抱经楼书始彻底散出,后转入上海古书流通处,被刘氏嘉业堂、许氏怀辛斋、孙氏小绿天所得。不过他的藏书能够持续到20世纪初的民国五年(1916)才散出,也可谓不易了。更何况抱经楼至1995年尚完好,成为原版天一阁的克隆品。但遗憾的是,因旧城改造被迫作整体拆迁,原计划迁入天一阁文物保护区内,终因无隙地可觅,只建得抱经厅,而书楼搁置至今,任其霉烂变质,良可惜也。

卢镐(1723—1785),字配京,号月船,鄞县人。天资绝敏,好搜罗奇字僻书,从史荣研究经史,又从学于全祖望。全祖望每历大江南北,借各藏书家抄本经归,卢镐与诸同学次第阅读,其读书速度极快,一日可尽数卷,由是贯通经史,学识渊博。乾隆十八年(1753)中举人,赴南宫试,秦蕙田、王鸣盛均为博雅之士,见卢镐皆以畏友待之。授平阳县学教谕,平阳士俗浅陋,不知学古,诸生来见,卢镐辄以经史语之,士俗为之一变。丁忧归里,悉遵礼制。参与乾隆《鄞县志》编修。工诗，善小楷。工山水，尤喜醉后灯下作画，秃笔焦墨，尽兴乃止。著有《月船居士集》。

其藏书处也曰抱经楼，"楼中藏地志几六百种，同治间修鄞志，以被选举《人物传》颇多"。后志书为杨氏所得，旋又归还其主。董觉轩写诗记其藏书播迁状况，略云："劫后犹存书万卷，浙东遗籍此楼孤。秦宫幸脱阿房火，粤海如还合浦珠。"全祖望魂归道山后，双韭山房藏书半归蒋樗庵，半归卢镐。卢镐曾次第刊刻其《宋元学案》和《七校水经注》等。卢镐之抱经楼以收藏地方志和四明文献而著名。

卢椿（生卒年不详），字六桥，卢镐之孙，卢址之族人。少贫孤，与兄刻苦力学，治诗古文辞，为同知黄定文所赏识，为诸生。著有《敬遗轩诗文稿》。

卢椿祖父卢镐之抱经楼多收全祖望双韭山房散出之书和全祖望遗稿，故至卢椿时，藏书虽然不多，但颇有旧本。藏书处曰敬遗轩，有"四明敬遗轩卢氏家藏书籍"等藏书印。

卢椿编有《敬遗轩书目》一卷，抄本，著录仅二百余种。冯贞群《伏跗室群书题记》跋云："中若世德堂本《法言》、泽存堂本《广韵》《山堂考索》、高叔嗣《苏门集》《邱邦士集》、谢翱《晞发集》《宛陵集》《八代诗乘》《剡溪漫笔》、万斯同《两浙名贤录》等数十种皆归于我。"可见卢椿敬遗轩确有不少好书。

卢文弨，翁方纲《抱经先生墓志铭》："公姓卢氏，讳文弨，字绍弓，号矶渔，又号檠斋，晚更号弓父，'抱经'其堂颜也，人称曰抱经先生。乾隆壬申一甲第三人进士，官翰林院侍读学士。生于康熙丁酉六月三日，卒于乾隆乙卯十一月二十八日。子男四：庆诒、武谋、庆钟、庆录。"

严元照《书卢抱经先生札记后》："先生喜校书，自经传子史，下逮说部、诗文集，凡经披览，无不丹黄。即无别本可勘同异，必为之厘正字画然后快，嗜之至老愈笃，自笑如猩猩之见酒也。"

图⑮ 印文右起为：抱经堂印、卢文弨绍弓印章、卢文弨图书印、武林卢文弨手校

钱大昕《卢氏群书拾补序》："抱经先生精研经训，自通籍以至归里，铅椠未尝一日去手。奉廪修脯之余，悉以购书，遇有秘抄精校之本，辄宛转借录。家藏图籍数万卷，手自校勘，精审无误，自宋次道、刘原父诸公皆莫能及也。"

金甡《题卢绍弓编修检书图》："卢郎温润乃如玉，独有校勘严仇雠，目劳手倦苦相角，授经余力间须偷。籾当退食百城拥，纵横穿穴资旁搜。寻踪宛转蛇赴壑，得隽掣曳鱼衔钩。后先佐证每连逮，新旧遰责期毕收。时时堆案碍双肘，正似獭祭陈沙洲。"

钱大昕《抱经楼记》："四明古称文献之邦，宋元之世，攻愧楼氏、清容袁氏，藏书之富，甲于海内，明代储藏家则有天一阁范氏，而四香居陈氏、南轩陆氏次之。然聚多易散，唯范氏之书，岿然独存，浙东西故家莫能逮焉。陆君青崖，诗礼旧门，自少博学嗜古，尤善聚书，遇有善本，不惜重价购之，闻朋旧得异书，宛转借抄，晨夕雠校，搜罗三十年，得书数万卷。为楼以贮之，名之曰抱经，盖取昌黎《赠玉川子诗》语也。曩余在京师，与君家绍弓学士游。学士性狷介，与俗多忤，而于余独有水乳之投。学士藏书万余卷，皆手校精善，而以抱经自号。青崖与学士里居不远，而嗜好亦略相似，浙中有东西抱经之目。兹楼之构，修广间架，皆摹天一阁，而子孙又多能读书者，日积而月益之，罔俾范氏专美于前，是所望也。"

《两浙輶轩录补遗》："倪象占字九山，象山优贡生，著有《青棁馆诗》。馆郡城卢青崖家，卢氏有抱经楼，藏书数万卷。九山俱经手校，乃作《抱经楼藏书记》一篇，石刻行世。"在古代，一个藏书家往往又是刻书家。刻书不仅能治学明智，还能补充家藏，他们以刻书为荣乐，往往选择优秀底本，在刻书过程中又作校勘。卢文弨一生从事文献校勘整理工作，将所校之书汇刻为《抱经堂汇刻书》《群书拾补》，皆为善本。藏书家的刻书行为往往结合自己的学术研究，"藏书不如读书，读书不如刻书，读书只以为己，刻书可以泽人"，可见私人刻书真的是功在当代，利在千秋。

图⑯ 徐时栋

（八）五鼓晨旦灯尚明

湖西烟屿楼藏四部书六万卷，尽发而读之，丹黄杂下，彻夜不倦。对湖居人恒以五鼓望先生灯火，候晨旦灯灭，俄顷而天明矣。

董沛在《徐先生墓表》是这样表述徐时栋的读书生活的，这比姚燮的"夜非三鼓不睡也"，又进一步了。

徐时栋（1814—1873），字定宇，号柳泉，学者称柳泉先生，鄞县人。自幼好读书，家藏遗书数千卷，读之不足，又续有所增。道光二十六年（1846）举人，两上春官不第，即家民不复出，后以输饷授内阁中书。覃思精诣，治经有心得，鄞人董沛称其为通儒。其论注则取先秦之说，以经解经，旁及诸子，引为疏证，无汉宋门户之见。论史独推《史记》，班固、范晔以下则条举而纠之，议论发前人所未发。于地方文献用力尤深，校勘《宋元四明六志》，附《四明它山水利备览》，考异订讹，著成《四明六志校勘记》三十一卷。又辑有《四明旧志诗文抄》和《烟屿楼文集》。其主四明文坛三十余年，后起之秀，多出其门。

图⑰ 烟屿楼遗址

徐时栋又急公好义，设义庄，兴义学，修东津浮桥，建三桥碶闸，遇事能断，以义行得旌。著有《烟屿楼诗集》十八卷、《烟屿楼文集》四十卷，其他著述凡三十余种。

徐时栋幼即喜聚书，说自己十几岁就喜欢藏书了。其二十一岁所编《新故书目录》共著录书三百七十八部、一万两千八百八十一卷，反映了徐时栋早期的藏书情况。其藏书目的十分明确，他在书目卷首自叙云："置书以宜读之书为务，奇僻之书无所宝也。故吾家所有书，大约皆布帛菽粟。"卷末又题："自先君来至今年九月止，置书如右，愿后人不以藏书为务，而以读书为急，此余心也。不然，邺架曹仓，仍饲蠹鱼，亦何裨乎！"藏以致用是他的藏书宗旨。

徐时栋藏书处曰烟屿楼，曰城西草堂，曰水北阁。烟屿楼因其家在宁波月湖十洲之一的烟屿而得名，所谓"君家月湖之烟屿，因以烟屿名其楼"是也。烟屿楼藏书六万卷。其时徐时栋在宁波城西门外的藏书处城西草堂藏书也达五六万卷。徐时栋的藏书总量达十万余卷。后太平天国军队入宁波城，烟屿楼藏书或为人所窃，或为无知者作火引而毁，事后检点，所剩无几。而城西草堂的藏书在同治二年（1863）复焚于火，于是徐时栋十万卷藏书尽毁。

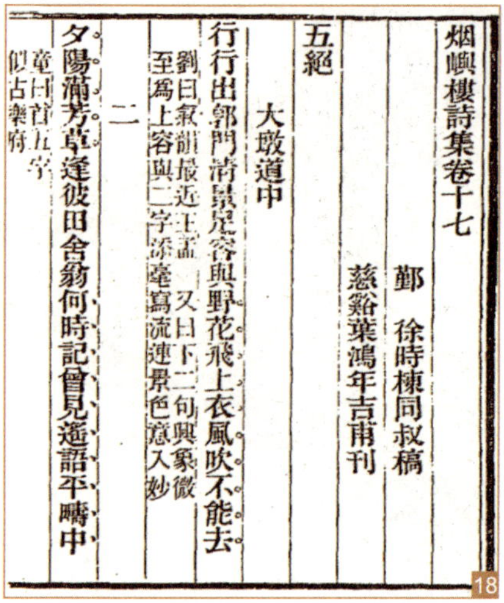
烟嶼樓詩集卷十七
鄞 徐時棟同叔稿
慈谿葉鴻年吉甫刊
五絕
大墩道中
行行出郭門清景足容與野花飛上衣風吹不能去
劉曰叙韻最近王孟 又曰下二句興象微至爲上容與二字添毫寫流連景色意入妙
二
夕陽滿芳草逢彼田舍翁何時記曾見遙語平疇中
童曰首五字似古樂府

图⑱《烟屿楼诗集》

徐时栋藏书两遭劫难,但他没有被击倒,而是很快又投入到访书、购书、藏书、理书中去。同治三年(1864),他在城西草堂旧址重建新宅,将书楼与住宅建筑分隔开来。因书楼在河之北,因名水北阁。经过几年的努力,藏书几复旧观。据民国《鄞县通志》载:同治三年,徐时栋重建新宅,续访所得之书,贮于水北阁,也就是城西草堂的故址,总共三十橱,得书 798 种,9815 册,分列经、史、子、集、丛书五部,渐渐地恢复了以前的面貌。

徐时栋因钟情于乡邦文献,凡见到乡邦著述,就不惜重资,因此经常有书商搜集了先辈遗集,聚集在他家门口,渐渐地,徐时栋把断璧零珠似的书,聚为渊薮。除《宋元四明六志》外,又“搜访乡先正诗文上自汉唐以迄于元,踵诸家耆旧之集,而益所未备,凡数十册”。(董沛《徐先生墓表》)其所藏地方文献在纂修地方志时发挥了重大作用。同治七年(1868)鄞县修县志,设志局于校士馆,徐时栋参与主其事。次年,志局迁移至水北阁,出示所藏图书以供需要,又借卢氏抱经楼、丁氏八千卷楼藏书,旁征博引,参校考据。不幸于同治十二年(1873)积劳成疾,临终执董沛之手,以修志一事“郑重相委,语不及私”。次年志成,光绪三年(1877)刊行,是为光绪《鄞县志》。

徐时栋所辑之《宋元四明六志》,有清咸丰四年(1854)甬上

图⑲ 徐时栋故居

徐氏烟屿楼刊本，为舆地类丛书。是书收有宋张津等《乾道四明图经》，罗濬《宝庆四明志》，梅应发、刘锡撰《开庆四明续志》，元冯福京等撰《大德昌国州图志》，袁桷撰《延祐四明志》，王元恭撰《至正四明续志》及宋魏岘撰，清徐时栋释文之《四明它山水利备览》。末有徐时栋撰《宋元四明六志校勘记》。这套丛书的实际付印当在光绪年间。据董沛《校刻宋元四明志序》载，该书刻印完成后，刻版被藏了二十年，两遭劫火，幸亏没有缺佚，等到徐时栋修鄞志的时候，再求得其他版本，命同事校之，使得《宋元四明六志》趋于完整，但先生突然去世，只得又束之高阁了。光绪五年（1879），由其后人在郡守宗源瀚的资助下，将《宋元四明六志》付印流传，成为研究浙东历史的重要文献。

徐时栋有《烟屿楼读书志》十六卷，民国二十八年（1939）蓬学斋徐氏刊。徐氏每得一书皆有题识，此为题跋目录。又有《烟屿楼书目》。今天一阁藏有一部《徐氏甲子以来书目稿目》，反映了同治三年以后的收藏情况。书目共四册，版心下刻"烟屿楼初本"，分经、史、子、集四部，记载书名、卷数、著者，偶记版本。藏书未作统计，今据骆兆平先生统计，计有三千一百六十四种，四万四千二百零五卷。

徐时栋藏书印有"烟屿楼""城西草堂""鄞徐时栋柳泉氏

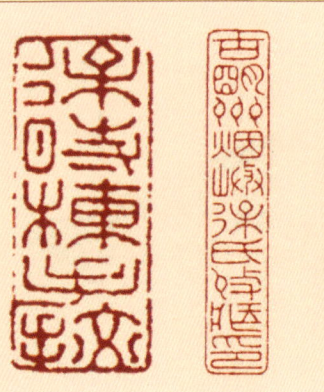

图⑳ 印文右起为：徐时栋秘笈印 城西草堂 古明州烟屿徐氏收藏印 徐时栋手校

甲子以来所得书画藏在城西草堂及水北阁中""甬上徐氏""柳泉书画""柳泉""徐时栋秘笈印""古明州烟屿徐氏收藏印""徐时栋印""时栋""时栋手校""柳泉过目""徐十三""水北阁""弗学不知其善""徐氏""同叔"。还有一方分书五行兰文竹简式大方印，其印文云："烟屿楼藏书约：勿卷脑，勿折角，勿唾揭，勿爪伤，勿夹别纸，勿作枕头，勿巧式装潢，勿率意涂抹，勿出示俗人，勿久借他人。"徐时栋把藏书约刻在木章上，印在每本书的上面，反映了徐氏对于藏书的珍惜之情。

徐氏水北阁之书于宣统三年（1911）售予上海书贾，共三十橱。少量藏书流入近代的宁波藏书之家。徐氏烟屿楼在今宁波共青路48号，尚存。水北阁原在亨六巷二号，因旧城改造，今已迁入天一阁南园。

图㉑ 钤有「墨海楼」藏书印的《小赤壁泛舟图》

（九）充栋书藏墨海楼

担经曾从复庄游，充栋书藏墨海楼。声伎满前仍笃学，吟朋入座尽名流。

这是夏敬观咏蔡鸿鉴藏书之诗。

蔡鸿鉴（1854—1881），字荩卿，又号琴笙、秋蟾，鄞县东乡人，常居沪西。父蔡荣禄以经营商业起家，为宁波富商，始迁居宁波城内。现宁波市蔡家巷内尚有蔡氏旧居的石刻墙门残迹，现海曙中心小学的前身即为蔡氏星荫义学。蔡鸿鉴自幼读书，性豪放，喜声伎，每游沪上，买书藏书，广交名流，脱手数千金立尽，风流倜傥，名冠一时，有"蔡荡子"之称。后于上海西南筑一别业，颜其额曰"二百八十峰草堂"。著有《二百八十峰草堂集》一册。

蔡鸿鉴席先人余荫，席丰履厚，轻财重义，收购图籍不遗余力，不惜重金，终成大家。据王荣商《墨海楼观书记》记载：蔡鸿鉴平日轻财重义，故家子弟带书来售卖的，他都会高价买下，卖的人如果请求加价，蔡就问对方需要多少，直到对方满意为止，就这样不停地收书。待蔡鸿鉴去世，那些卖书的故人没有了依靠，都叹息哭泣，此时墨海楼的藏书规模已经很大了。藏书共三万一千余册，其中有宋本《通鉴纪事本末》四十二卷三十四册、《柳先生文集》四十三卷等十种，有元本《资治通鉴纲目》五十九卷六十册、《玉海》《事文类聚》《宋文鉴》一百五十卷等十五种，明本有五百五十六种，明清抄本一百八十九种。

蔡鸿鉴藏书处有甬沪两处，曰墨海楼，曰二百八十峰草堂。其墨海楼之名，自有渊源。墨海，即大砚、大墨鱼。清翟灏《通俗编·器用》："今书大字用墨多，则以瓦盆磨之，谓其盆曰墨海。"蔡鸿鉴以"墨海"名其藏书楼，喻其所藏之丰。

有《墨海楼书目》四卷四册，著录约三千余种，以子部、集部书为多。间有宋元本，多明本、抄本及原刻本。又有《明存阁善本书目》一册，附于前目之后，著录所藏善本约八百种。光绪初请椒江周郇补写书录，仅成经部四十九种，即《墨海楼书目补提要》。

蔡氏子孙能世其业。蔡鸿鉴之子蔡和霁，字涤峰，号月笙，小字悦生，亦喜藏书，数年中又增补其父所未藏之书约二百种五千册。著有《餐露仙馆集》，惜年仅十九而卒。蔡鸿鉴之孙蔡同常，字明存，继承藏书，续有所增。冯贞群《李氏萱荫楼书目题记》云："忆昔年明存向其族人某收书时，延贞群为之鉴定，中若《明代实录》《国榷》、闻人诠刻《旧唐书》、元版《通志》《文献通考》《吾学编》《百家类纂》等数百种，计百余箧，有抱经楼卢氏藏印者皆是也。"可见续增不少。蔡同常编有《明存阁关本书目》。后又传蔡鸿鉴曾孙蔡宾年。至1929年书尚存二百余箱。后蔡氏经商失败，书归李氏萱荫楼。

（十）以求性之所近也

> 楼高五丈，分为五室，四旁夹窗，远望若巨舻，故又名"停舻"。楼中悬佛像，蓄琴一、瑟一，余皆图书、鼎彝、名画、法帖。春余秋初，司马静坐，手七弦或二十五弦，清韵间作，好风时来。下则危石碎嘴，累小山，旁浚一池，驾以曲梁，游鱼出没，悠然得濠、濮之意。外则翠竹绿蕉、碧梧苍松，骄职不炙，清荫互生，杂以时花异草，娇鸟珍禽。入是楼者，咸流连不忍去。而要其所之所有，皆以求其性之所近也。

奎照之《林君司马近性楼记》是这样描述的。

林氏近性楼，是清同治、光绪年间的诸生林廷鳌的藏书楼。楼之环境仿天一阁意，在宅居旁，前堆假山，旁掘水池，周植苍松、翠竹、绿蕉、碧梧。而楼却迥异，重檐两层，远望如一艘巨舟停泊在那里，故又名"停舻"。楼内藏图书，置琴瑟，供佛像。

楼主"不役役于宝贵"，以为"性空诸想于佛，性任真于琴近，性素洁于瑟近，山近性之静，水近性之灵，竹近性之虚，松近性之坚，梧近性之孤特，蕉近性之卷舒，既入世而出世，视有家如无家，则洵乎楼以所有皆以求性之所近也"，因名近性林楼。

　　林廷鳌爱读书，工音律，常在藏书楼里举行雅集，邀约甬上同道，或观摩善本，或抚琴鼓瑟，或挥毫泼墨，一时竟成吾甬之文化"沙龙"。

　　林氏近性楼后归盛炳纬，称盛氏花厅。

　　盛炳纬（1856—1931），字省传，又字养园，镇海城区人，长住宁波镇明巷。幼聪慧，9岁能文，10岁试于郡。从父至京，肄业国子监。光绪五年（1879）中举，次年中进士，选庶吉士，授翰林院编修。1885年提督四川学政，严格考试，杜绝滥冒。1891年转任江西学政，后兼江西乡试监临官，常勉励诸生研究经史，调各县高材生至省城经训书院肄业。后奉母辞官家居，审时度势，以为当务之急，首在教育，培养人才，遂与宁波知府程稻村于1897年创办储才学堂，后更名为宁波中学堂。又筹款6万余金，建新校舍于宁波城南，拓地至10亩，规模宏大，为省内第一，并主其事达十余年。继复与镇海县人谋划，筹款3万余金，补助镇海鲲池书院膏火费，延名人宿儒为院长。又议建县立中学堂和县立高等小学堂。热心公益事业，往往引为己任，不避劳怨，且出资首创。善书法，楷书学官阁体，端方秀雅，工整纯粹；行书学晋唐，笔法流畅，文人书香，溢于行间。

图㉓ 近性楼一隅

盛炳纬热爱文献事业，在其任翰林院编修期间，就无意名利，时常去书肆求善本，闭门勤读。在江西任上，又捐书数万卷给书院，以供诸生研读，可见其时其藏书就已达一定规模。曾购得姚燮手辑《蛟川耆旧诗系》遗稿，为之刊行。参与规划《镇海县志》修纂，并任总阅。

盛炳纬归里后，居宁波，购得林氏近性楼，以为近性楼环境清静幽雅，辟为书房，藏书读书其中，后世俗称为"盛氏花厅"。花厅在现宁波海曙区镇明路南端的郁家巷，保存完好，为区级重点文物保护单位。百年古宅的明堂、过厅、两厢以及居室的一些附属建筑物，风貌依旧。随意浏览，木结构的栋梁、楼道、窗棂和石结构的阶沿、柱础、榫卯，都雕刻得极为精致。后进的一块隔墙砖雕，约一平方米多，采用透雕手法，图案精美，工艺之精，实属罕见。惜盛宅几经变迁，数易其主，办过敬老院、幼儿园、街道工厂，现居民杂处，等待整修。

从林廷鳌近性楼到盛炳纬之花厅，藏书楼虽然易主，然性质未变，现既为文物保护单位，当恢复其原有属性，使甬上更能体现出中华藏书文化重地的气息来。

图㉔ 秦润卿

（十一）不揣绵薄助教育

念地方教育为立国之本，吾邑学校林立，幸未落后，即祖泽频年被助教育，亦复薄著成绩。惟是全邑图书馆之设备尚付缺如，以致各界人士偶思流览图书、博考典籍者，辄兴望洋叹，用敢不揣绵薄，稍思为地方教育弥补缺憾。

这是秦润卿自言建抹云楼的目的，也可以说是早期宁波帮人士捐资助学的缩影。

秦润卿（1877—1966），名祖泽，号抹云老人，以字行，慈溪人。历任上海钱业公会理事长、上海总商会副会长、中央银行监事、上海垦业银行董事长、福源钱庄总经理等职。新中国成立后，曾任上海公私合营银行副行长、中国人民政治协商会议上海市委员会委员。秦润卿虽是商界名流，但自律甚严。据秦则贤《先严润卿公事略》记载，秦润卿无不良嗜好，有个巨商要送他一妾，他都婉拒了。而热心社会公益和文教事业，乐善好施，造福桑梓，则不遗余力。民国二年（1913）起，他与陈谦夫等倡设保黎医院，并长期为之募集资金，添设器械，扩建房所，使之成为一个有良

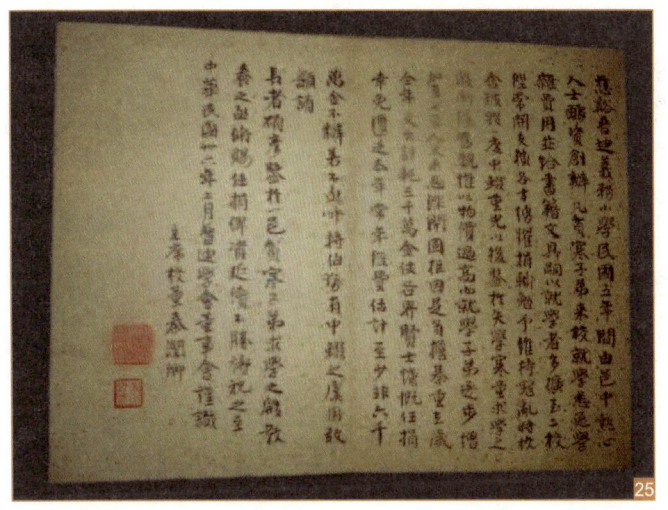

图 25　秦润卿手迹

好设施的医院。民国四年（1915），与李寿山、王荣卿在县城兴办普迪小学。民国十四年（1925）建造普迪二校。民国二十三年（1934）助建县立慈溪中学，使之成为一所布局整齐、治学严谨的著名学府。后又资助筹办宁波效实中学，积极捐款。《宁波市教育志》云："秦润卿自奉俭约，但关怀桑梓，热心社会公益事业，在捐资兴学上贡献尤大。"其评价恰如其分。

秦润卿的藏书楼曰抹云楼，在慈溪县城（今慈城）学宫侧。建于民国二十年（1931），购藏慈溪冯氏醉经阁藏书，并收集各种古今中外善本。秦润卿"平居崇尚务在学问，关怀典籍，触类能喻"。民国二十九年（1940）为保护抹云楼藏书，特组织抹云楼图书保管委员会，由乡间士绅、旅沪绅商及家属等共同组成，保管藏书和他捐给藏书楼用于日常经费的中国天一保险公司股份。民国三十六年（1947）元旦起，抹云楼图书公开阅览。抹云楼已不是传统意义上的藏书楼，已具备了私立图书馆的性质。

1949年宁波解放。1952年，秦润卿将藏书楼和全部藏书捐献给浙江省人民政府。计：二层花园洋房一座以及全部财产股票、现金；图书计线装古版书籍三万二千九百九十六册，现代书籍三千三百三十五册，各种杂志三千三百二十四册，图谱碑帖字画二万五千七百一十一件。抹云楼藏书有了很好的归宿。秦润

卿在给浙江省文物管理委员会的信中说:"润卿积年心愿偿于一旦,快慰奚似!"

遗憾的是,用钢筋水泥建筑的抹云楼历经沧桑,却于1991年在扩建一所小学时被拆除,徒留照片供人发思古之幽情。

图㉖ 抹云楼旧照

(十二)搜蓄典籍致休声

> 朱鼎煦,字鄂卿,为一藏书家,学识渊博,文笔锐利,为当时律师界第一支笔,我与他交往,羡其才也。

这是朱鼎煦的朋友毛翼虎先生在自述《梦幻尘影录》中所说。

在近代中国藏书史上,朱鼎煦别宥斋算得上绝对的大家。

朱鼎煦(1885—1968),字鄂卿,号别宥、者卿、宰卿、香句,浙江萧山人,寓宁波孝闻街。民国初为鄞县法院推事,旋任龙山法政学校教员及辩护师,后改律师。新中国成立后任浙江省文史馆馆员。关于其生平事迹,沙孟海先生撰有《朱君生圹志》,简洁明了,录于下:

> 弱冠读律,洞烛物情,智思局干,度越流辈。而体蹈冲夷,不乐仕进。一除鄞县法院推事,未几谢去。留居甬上。为律师卅年所,以为辩护之职,务申民隐,扬直抑顽,有益人群。是亦为政,而不牵于位,故得游心艺文,分功幽讨,丹黄在手,检校不辍。惧世代纷变,遗文失队,搜蓄典籍,积久浸富。前代精椠之本,往哲未刊之草,侧访旁求,并入签记。堂廉户壁,莫非缃素,客至踌伫,几失凭倚。大凡善本三百四十六种,《鄞志》具详其目,寻常卷帙,又什倍之。校刻乡贤遗著,既成《回风堂诗》一种,构乱寝置,有俟踵续。甬上数藏书家者,前有范氏天一阁,四百年犹存;近则冯氏伏跗室,君之别宥斋,并致休声,为世引重。遭时更化,退息旧典,名山之业,殆少顾省。纵当途留意,申令保聚,而闾里无识,犹或捐诸。若夫职非史氏,身无官守,藉一手

之烈,荷绝续之任,兹可谓任心独诣成名立方者也。

朱鼎煦自幼好读,年轻时就已萌藏书之志。其《明本赣榆县志跋》云:"煦年十二即喜为先训导曝书,十七入塾,习场屋文。每于灯下点次《通鉴》,狭行烂字,不易辨识,其卷头卷尾,又少下笔处,一见同学之同文石印本,眼为之明,是已萌收书之念。"后因经济改善,大半收入用于购藏古籍文物。民国《鄞县通志》载其遇故家散出之书,不惜重金购置,如是,则毛氏汲古阁,范氏天一阁,鲍氏知不足斋、卢氏抱经堂、抱经楼、王氏十万卷楼、陈氏湖楼、沈氏鸣野山房,时氏一得居"诸家流散,如水赴壑,集于朱氏"。此外他还往复甬杭沪之间,购所未备。据别宥斋《买书日记》记载,他跑遍了宁波、上海、杭州、苏州、绍兴、萧山等地的书铺,凡足迹所至,闻见所及,遇有善本,一定会不择手段地求取。如此累积,藏书达十万余卷。

朱鼎煦所藏版本甚佳,冯贞群为之编有《别宥斋善本书目》,其《别宥斋藏书记》云:"凡得宋元明椠、禁书稿草、名人手抄校本三百四十六种,编入《鄞县通志》。"而实际编入《鄞县通志》的精品书目达五百余种。宋本有《春秋公羊注疏》二十八卷,汪季青藻堂本;嘉祐杭州刻本《唐书》存本纪十卷;岳珂《鄂国金陀粹编》二十八卷;宋刻元补《五代史记》七十四卷。元本有至正刻本《礼经会元》四卷,至正刻本《金史》百三十五卷,大德丙午池州郡庠刻《吴书》十二卷。以及毛氏汲古阁影宋抄本《集韵》、明嘉靖刻本《象山县志》《茶陵州志》、明抄本《三才广志》《崇文书目》等。

别宥斋稿本较多,有周广业之《孟子四考》四卷、《汉官爵考》二卷,丁业之《六陵劫余志》四册、谢孔园之《灌园偶书》八卷、张岱之《石匮书》八册等。更有大量地方乡贤之稿本。有万斯同之《明史稿》十二册,黄宗羲《明文海》,而颜其居曰万黄斋。尚

图㉗ 印文右起为：萧山朱鼎煦收藏书籍　萧山朱氏别宥斋藏书　萧山朱氏收藏图书　别宥斋

有倪象占之《九山类稿》、张成渠之《连珠均考》、姚燮之《西泸棹歌》《书隐楼诗》、李慈铭之《越中先贤祠栗主目次》等。以上乡贤遗著稿本均参加了1936年浙江文献展览会。

别宥斋藏书分藏两处，其在萧山者，多明代方志、清初禁书及乡贤遗书，抗战时移藏山阴历下，尽付兵燹。在宁波则藏书府侧街七号，为楼六楹，插架森森。冯贞群《藏书记》谓："鄞城公园之左，前后屋二列，列三楹，所谓别宥斋是也。前圃杂莳花卉，斋中陈设书法、名画、佛像、砖甓，外蓄警犬、笼鸟，嘷嘷嗜嗜。书友挟策来与之论值，而室人交谪，与其声相和也。"藏书楼又名万黄斋、熙修阁、治书轩、乐寿堂、香句室等。藏书印有"万黄斋""别宥斋""熙修阁""治书轩""香句室""乐寿堂""萧山朱鼎煦收藏书籍""萧山朱氏别宥斋藏书印""萧山朱氏""朱别宥考藏记""朱鼎煦印玺""朱印鼎煦""鼎煦""朱鼎煦""别宥""朱酂卿""酂卿""朱家""朱十七""朱千万""朱别宥校""酂卿心赏"等。

别宥斋藏书于1940年日寇侵鄞县时，多次迁徙，遭盗窃、蚁食、水厄，精本损失不少。不过至1979年捐赠给天一阁时，尚有藏书十万卷，字画九百余件，文物八百余件，也甚可观。

（十三）百川归海数典范

神物诸天护绛云，何人黄华续遗闻；
星辰下烛红光起，昨夜楼头倘是君。

这是夏承焘对冯孟颛重修天一阁功绩的高度概括。

浙东藏书家"爱书以德""化私为公"，其典范当属冯孟颛无疑。

冯孟颛（1886—1962），名贞群，字孟颛，一字曼孺，号伏趺居士、成化子、妙有子，晚年自署"孤独老人"，取"幼而丧父为孤，老而丧子为独"之义。原籍浙江慈溪，从先祖迁居宁波市区水凫桥畔。17岁时中光绪壬寅科（1902）秀才，补宁波府学生员。19岁时其祖父去世，"以孤孙承家"，继承先祖遗业，经营钱业，然终非其志。后接受资产阶级民主主义思想，参加同盟会。辛亥革命后，曾任宁波军政分府参议员。民国二十一年（1932）被推举为鄞县文献委员会委员长，从事表彰乡贤、保护文献和文物工作。因业绩显著，于民国二十六年入选"宁波乡贤选举"初选名录。抗战时期，他伏处危城，杜门守土，潜心著述。新中国成立后历任宁波市第一、二届人民代表大会特邀代表，宁波市政协

图㉙ 伏跗室

委员，浙江省文史研究馆馆员，市文物管理委员会委员等，继续从事宁波的文化、文物工作。

冯孟颛是一位对古籍文献深有研究的学者，擅长校勘，喜作考订，具有丰富的版本学和目录学知识。他尤其注重地方文献的保存和研究，与马涯民合编《鄞县通志·文献志》"人物、艺文"两编，协助张寿镛编辑《四明丛书》，经他整理而入《四明丛书》的有唐贺知章《贺秘监集》、宋杨简《杨氏易传》、明黄润玉《宁波府简要志》、清李邺嗣《杲堂文续抄》等十余种。他一生勤奋治学，积文稿17册，并编著有《姜西溟先生年谱》一卷、《鄞城古甓录》一卷、《晏子春秋集注》八卷，编订有唐元结集《箧中集》一卷、《别录》一卷、《考证》一卷等。

冯孟颛还是近代浙东著名的藏书家。他自幼好学，其父"求恒斋"遗书2000册，读之不足。弱冠以后，即访求典籍，数十年如一日，从不间断。在清末至民国初年，军阀混战，政局动荡，科举废，学校兴，社会视古籍为无用之物，故家散出之书渐多。冯孟颛深以辗转流散的古籍文献为忧，摒嗜欲，节衣食，出钱出资专收有用之书，手披目览，拂尘去蠹，修残扶颓，聚散为整，终成大家。历三十年之功，冯孟颛汇集了甬上明清以来赵氏种芸仙馆、董氏六一山房、柯氏近圣居、徐氏烟屿楼、赵氏贻谷堂、陈氏

藏书名楼甲一方

文则楼等散出之书，总数达 12 万余卷，另有碑帖拓本 400 余种。藏书中颇多善本，达 300 余种，其中有宋杜大珪编《名臣碑传琬琰之集》宋刻本 16 册，墨香纸润，秀雅古劲，为海内珍品，镇库之宝；此外尚有宋许洞撰《虎钤经》明复宋刻本 4 册、元赵汸撰《春秋属辞》元刻本 8 册、明杨循吉撰《辽小史》明刻本 1 册、清黄宗羲《留书》旧抄本 1 册、清史荣《李长洁诗补注》稿本 20 册、清全祖望撰《鲒埼亭诗集》谢山眉批抄本 1 册、清姚燮撰《姚复庄诗文稿》稿本 3 册、天一阁早年散出之明刻和明抄本 10 余种等等。

其藏书处曰"伏跗室"。初名"伏柎斋"，为其从叔冯君木据王延寿《鲁灵光殿赋》中"狡兔跧伏于柎侧"句义而命名，意为伏处乡里不求显，而致力于学。其藏书印有："伏跗室藏书印"朱文方印、"伏跗室"朱文方印、白文方印、朱文椭圆印各一、"伏跌"朱文方印、"冯群"白文方印、"冯贞群"白文方印、"冯贞群印"朱和白文方印各一、"冯群印信长寿"白文方印、"孟颛"朱文方印、"曼孺"朱文圆印、"曼孺"左右环螭虎龙珠纹白文方印、"贞群过眼"朱文方印、"孟颛读过"朱文方印。

冯孟颛一生精力投注于古籍的搜集和收藏，深知古籍聚散之理，从天一阁的历史中得出"书难聚而易散，子孙永保之不

图㉚ 印文右起为：冯孟颛 伏跗室 伏跗室藏书印

易"的结论,因此晚年时常考虑如何妥善处理自己一生心血结晶的伏跗室藏书,使之免于失散、分割或流入他乡。1962年,他病重弥留之际,决心以好友郑振铎先生为榜样,化私为公,嘱其家属将10万余卷藏书全部献给国家。他病逝后,其家属遵照先生意愿,将藏书、碑帖、字画及藏书楼全部无偿献给国家。这是笔者一贯强调的浙东藏书家"爱书以德""化私为公"的人文主义精神的又一例证。现图书等物均妥善地保存在天一阁内。

图㉛ 伏跗室藏书

图书在版编目（CIP）数据

甬藏书香：宁波藏书文化/虞浩旭，张爱妮著 .—宁波：宁波出版社，2014.11

（宁波文化丛书 . 第 1 辑）

ISBN 978-7-5526-1874-7

Ⅰ.①甬… Ⅱ.①虞…②张… Ⅲ.①藏书—文化—宁波市 Ⅳ.① G259.29

中国版本图书馆 CIP 数据核字（2014）第 261868 号

丛 书 名	宁波文化丛书·第一辑
丛书主编	何　伟
本册书名	甬藏书香：宁波藏书文化
著　　者	虞浩旭　张爱妮
责任编辑	沈建国
装帧设计	金字斋
出版发行	宁波出版社
地　　址	宁波市甬江大道 1 号宁波书城 8 号楼 6 楼
邮　　编	315040
网　　址	http://www.nbcbs.com
电　　话	0574-87264975（编辑部）
印　　刷	浙江新华数码印务有限公司
开　　本	710 毫米 ×1000 毫米　1 / 16
印　　张	12.75
字　　数	135 千
版　　次	2014 年 11 月第 1 版
印　　次	2014 年 11 月第 1 次印刷
标准书号	ISBN 978-7-5526-1874-7
定　　价	32.00 元

（版权所有　翻印必究）

图书若有倒装缺页影响阅读，请与出版社联系调换。电话：0574-87248279
说明：本书中部分图片因资料所限，未能与相关权利人取得联系，敬请相关权利人与编辑部联系，以便支付稿酬，并在重印时署名。